SCM

Stiftung Christliche Medien

SCM ist ein Imprint der SCM Verlagsgruppe, die zur Stiftung Christliche Medien gehört, einer gemeinnützigen Stiftung, die sich für die Förderung und Verbreitung christlicher Bücher, Zeitschriften, Filme und Musik einsetzt.

MIX
Papier | Fördert gute Waldnutzung
FSC® C014138
FSC www.fsc.org

2. Auflage 2025

Max-Eyth-Straße 41 · 71088 Holzgerlingen
Internet: www.scm-verlagsgruppe.de;
E-Mail: info@scm-verlagsgruppe.de

Gesamtgestaltung: Franka Röhm, Oberlenningen
Coverbild: Tabitha Turner/unsplash.com
Bildnachweise: Unsplah.com/ Rumman Amin, Nathan Dumlao, Pariwat Pannium, Jen P, Christian Joudrey, Kiriakos Verros, Roxana Maria, Aaron Burden, Nikita Kachanovsky, Basit Abdul, Unseen Studio, Sixteen Miles Out, Joyce Hankins, Hura Victoria, Devin Avery, Missismystery, Kevin Schmid, Nicolas Lobos, Tabitha Turner, Bruno Pereira; Pexels.com/ Solodsha, Daniela Constantini, Taryn Elliott, Nida, Aleksandar Andreev.
Illustrationen: Franka Röhm
Druck und Verarbeitung: FINIDR, s.r.o.
Gedruckt in Tschechien
ISBN 978-3-7893-9907-7
Bestell-Nr. 629.907

Veronika Smoor

More Coffee & Jesus

Kleine Momente
für neue Energie

SCM

Inhaltsübersicht

AUF EINEN

Kaffee mit Jesus

Heute Morgen habe ich mir eine Kaffee- und Jesuszeit gegönnt. Die sieht so aus:

Ich gieße mir zunächst einen Filterkaffee auf, der Tote wieder lebendig macht. (Eine passende Einleitung zu meiner Jesuszeit, wie ich finde.) Dann setze ich mich auf die abgewetzte Stelle meines Sofas, schaue aus dem Fenster, lese eine Liturgie. Danach bin ich still, während das Koffein sich in mir und der Tag sich draußen entfalten. Ich bete. Für den Tag. Für alle Menschen, die mir nahestehen. Und für diese Welt, die mir an vielen Tagen Angst einflößt. Produziert mein Kopf nur unverständlichen Wortsalat, bete ich das Vaterunser.

Vielleicht findest du diese Praktik schräg. Jesuszeit. Wenn ich es von außen betrachte, ist es tatsächlich absurd, mit einer „unsichtbaren Person“ Zeit zu verbringen. Als besäße ich einen Fantasiefreund, den ich mir aus einem religiösen Bastelbogen zurechtgezimmert habe!

Das erinnert mich an den imaginären Freund, den ich als 9-Jährige hatte. (Es ist übrigens kein Grund zur Beunruhigung, wenn Kinder über kurze und längere Zeiträume Beziehungen zu Fantasiefreunden pflegen. Laut dem Psychologen Jerome Singer von der Yale University besitzen Kinder mit imaginären Freunden insgesamt bessere soziale Kompetenzen und können kreativer und weniger schüchtern als andere Kinder sein. Auch ist ihr Sprachgefühl besser entwickelt als das von Gleichalt-

---

[1] *https://www.familie.de/schulkind/entwicklung-beziehung/imaginaerer-freund-wenn-das-kind-einen-fantasiefreund-hat/*

rigen.[1]) Ich folgte damals meinen kindlichen Instinkten und meinem Bedürfnis nach einem engen Freund. Aus Pappkarton schnitt ich eine kleine Person aus mit eckigen Ellbogen und krummen Beinen. Ich klebte ihr braune Wollfäden aufs Haupt, malte die Beine blau und den Oberkörper rot an und taufte die Figur auf den Namen Johnny.

Johnny brauchte ein Zuhause und ich bastelte ihm ein kleines Johnny-Papp-Häuschen. Ich schnitt Fenster und Türen hinein, legte den Boden mit zurechtgeschnittenen Stoffstücken aus. Streichholzschachteln wurden zu Schränken und Tischen umfunktioniert. Abends brachte ich Johnny liebevoll in sein Streichholzschachtelbettchen. Direkt nach dem Aufwachen wünschte ich ihm einen guten Morgen und nahm ihn mit zum Frühstück und ließ ihn von meinem Toast abbeißen. Johnny und ich pflegten eine innige Freundschaft, die leider nicht von Dauer war. Ihm fielen die Haare aus und er blieb auffallend stumm und emotionslos, wenn ich mit ihm Abenteuer erleben wollte und ihm mein Herz ausschüttete. Kurz: Johnny war auf Dauer kein guter Freund. Ich machte mit ihm Schluss. Der arme Johnny beendete sein kurzes, aber intensives Leben in der Recyclingtonne.

Und Jesus?

Eine Freundschaft mit ihm ist nicht greif- und sichtbar. Sie wirkt in unserer technisierten, aufgeklärten Postmoderne aus der Zeit gefallen. Vielleicht ist meine Jesuszeit eine Trotzreaktion auf die Machbarkeit und Kontrolle, die wir meinen über unser Leben zu haben. Weil es neben der Philosophie, Technik und dem Verstand einen Raum öffnet, in dem Mystik und Stille und Fragen und Ungelöstes und Hoffnung sein dürfen.

Ich möchte die Vernunft nicht gegen den Glauben ausspielen. Die Wissenschaft nicht gegen Gott.

Gott bewahre, dass ich meine Vernunft aus dem Fenster werfe, um wie Johannes der Täufer auf Heuschreckenjagd zu gehen oder wie der Prophet Elia das Feuer vom Himmel herunterzubeten! Ich bin keine Prophetin und ich möchte auch nicht auf die Technik verzichten, die so wunderbare Dinge wie Herz-Lungen-Maschinen und Fahrräder und Filterkaffee hervorgebracht hat.

Aber der Mensch ist mehr. Wir haben einen blinden Fleck im Auge und fühlen es tief in unseren Herzfasern. Da muss mehr sein. Etwas, das wir nicht greifen und zähmen und einordnen können. Eine Macht, die so alt wie das All ist. Nur können wir sie nicht sehen.

„Was willst du, das ich für dich tun soll?"

„Jesus, ich möchte wieder sehen!"

Ich will aber nicht nur sehen. Ich möchte nicht allein sein auf dieser Welt. Da sind acht Milliarden Menschen, von denen ich mit vier Personen enger befreundet bin. Aber selbst in der gesündesten Beziehung und Freundschaft fühlt man sich manchmal mutterseelenallein, nicht wahr? Kein Mensch kann einen je bis auf den Grund der eigenen Seele verstehen und erkennen und lieb haben (und wir sollten es auch nicht von ihnen erwarten).

„Sei wieder sehend! Dein Vertrauen hat dir die entscheidende Hilfe gebracht."

Blinde konnten wieder sehen. Aber was noch viel bemerkenswerter ist: Jesus hat die Menschen angesehen. Sein Blick geht bis auf den Grund des Menschen, dorthin, wo er völlig nackt und am bedürftigsten ist. Dort, wo kein anderer Mensch je hinkommt. Dieser Blick verstört die Mächtigen und Stolzen. Dieser Blick liebt und heilt die Kranken und Krummen und Ausgeschlossenen.

Wenn ich darüber nachdenke, hat Jesus alles auf den Kopf gestellt. Nicht ich habe mir einen Freund erschaffen, sondern er erschuf mich. Er hat uns alle ins Leben gerufen, weil er dachte, es sei eine gute Idee, wenn eine Veronika, eine Mirjam, eine Elfriede, ein (echter) Johnny, ein Andreas diese Welt bereichern.

Und anders als ich damals mit Johnny schiebt er mich nicht über das Spielbrett des Lebens, er denkt sich keine gefährlichen Abenteuer für mich aus und wirft mich nicht in die Recyclingtonne, wenn ich nicht mehr funktioniere und mir die Haare ausfallen. Er lässt mir meine Würde, meine Selbstbestimmung. Überantwortet mich dem Leben, das manchmal so wunderbar und manchmal so anstrengend und gelegentlich auch ganz fürchterlich sein kann. Und doch fällt es nicht aus seiner Hand und manchmal kann ich seine Spuren entdecken, wenn ich zurückblicke.

Die Autorin Christina Schöffler drückt es treffend aus: „Es gibt eine Geschichte hinter der Geschichte."

Davon bin ich tief überzeugt. Mit Jesus öffnen wir uns einer anderen Geschichte, einer Parallelwelt, die von Hoffnung erzählt. Eine, die uns nicht aufgeben will. Die uns immer nach vorne weist: Du wirst wieder sehen. Du wirst wieder heil. Vielleicht erst im Himmel. Vielleicht aber auch schon hier. Das ewige Leben fängt nicht erst im Himmel an, sondern mitten in unserem zerbrochenen, halb garen, chaotischen Leben. Mitten in einer angeknacksten, verängstigten Welt.

Heute Morgen bleibt mein Herz unruhig. Es stürmt ein auf Jesus mit allen losen Fäden und ungeklärten Fragen und möchte Antworten. Vielleicht liegt das hämmernde Herz aber auch an der zweiten Tasse Kaffee. Wer weiß. Ich will wieder still werden. Innerlich. Äußerlich. Nur bei meinem Freund sitzen. Es gemeinsam aushalten, dass manches gerade nicht gut ist. Und anderes still feiern, das bereits geworden und gewachsen und wunderbar ist. Ewiges Leben. Es fühlt sich anders an, als ich mir es vorgestellt habe. Keine Harfen. Kein frenetischer Jubel. Nur ein kleiner, stiller Friede, der mich langsam anfüllt wie das schwache Tageslicht das dunkle Viereck in meinem Fenster.

Gott,

heute fällt das Aufstehen schwer.
Die Schraubzwingen der Nacht zwicken.
Ich ziehe Bleischuhe an.
Und dornige Gewänder.
Ich male mir Trotzigkeit ins Gesicht.
Bitte bürste mir die bösen Träume aus den Haaren.
Hänge mein Herz an einen bunten Ballon.
Schenke mir eine Tasse Hoffnung ein.

Nur du

umarmst Menschen,
die die Stacheln nach außen tragen,
ohne dich zu verletzen.

DIESER
Augenblick
GEHÖRT NUR
mir, Gott
UND DEN
RADIESCHEN

Ich habe Instagram von meinem Home-Screen gelöscht und mir ein strenges App-Limit von 90 Minuten pro Woche gesetzt. Und ich habe mich bei Facebook abgemeldet. So hilfreich diese Netzwerke sein können und mir Inspiration sowie nützliche Verbindungen mit anderen Menschen geschenkt haben, so sehr zerfransen sie meine Aufmerksamkeit und zersetzen meine Kreativität.

In letzter Zeit fühle ich mich nach einem Aufenthalt in den sozialen Medien nicht mehr gut. Ausgelaugt und völlig erdrückt. Mit Nebelwolken im Kopf. Der menschliche Geist ist nicht für die Flut an Bildern und Meinungen gemacht.

Ich möchte lieber einem einzigen Gedanken in die Tiefe folgen und ihn in mir aufgehen lassen wie einen langsamen Sauerteig, anstatt eine Überzahl an prägnanten Zitaten und wohlformulierten Meinungen an mir vorüberrauschen zu lassen.

Das Leben soll mir nicht von Fremden in mundgerechten, faden Happen vorgesetzt werden.

Es ist erstaunlich, wie schnell die Seele zur Ruhe kommt und das Leben an Weite gewinnt, wenn man das Handy liegen lässt und seinen Alltag nicht mehr auf die Verwertbarkeit für Social Media durchkämmt. Beim Abwasch bin ich beim Abwasch. Beim Brotbacken bin ich beim Brotbacken. Beim Schreiben bin ich beim Schreiben. Und wenn sich eines meiner Kinder mit mir unterhalten möchte, schiele ich nicht mehr nach dem Handy wie nach einem verloren gegangenen Körperteil. Das Leben wird wieder dreidimensional. Auch ein wenig einsamer. Aber es ist die Einsamkeit, die ich brauche, um bei mir selbst und bei Gott anzukommen. Manchmal juckt es mich in den Fingern – sie wollen schnell nur mal das Handy anfassen –, da wird das Herz unruhig. Mittlerweile weiß ich, dass es dann nur ein gutes Buch braucht oder eine Runde UNO mit den Kindern oder einen strammen Marsch durch den Wald.

In jeder Lebensphase sollten wir uns mindestens ein- bis zehnmal die Frage stellen: Lebe ich mein Leben selbstbestimmt oder lasse ich mich leben?

Oder wie es mein Redakteur Martin Gundlach einmal sagte:

„Treibe niemanden und lass dich von niemandem treiben."

Meine Sinne schärfen sich wieder. So wie auch der Geschmackssinn zurückkehrt, wenn man einen langsam geschmorten Eintopf isst anstatt einer Dosensuppe. Und sie können wieder etwas wahrnehmen, was ich die Stimme Gottes nenne. Das ist bei mir ein leises Pochen in der Brust. Ein Schwingen meines Herzens, wenn es auf etwas stößt, das wirklich wichtig ist.

Wie zum Beispiel letztens, als ich an der Supermarktkasse wartete und mein Handy in der Tasche ließ. Ich nahm meine ganze Umgebung wahr. Das Piepen des Scanners. Die Abgespanntheit der Kassiererin. Den Geruch nach Blumenkohl und kaltem Zigarettenrauch. Das summende Licht der Leuchtröhren. Die müde junge Frau hinter mir, die leise mit ihrem Sohn auf Ukrainisch flüsterte, der sehnsüchtig eine Packung Kaugummi aus dem Regal nahm, die die Mutter wieder zurücklegte. Alles, alles – das ganze Leben war da. Es schoss durch mich wie ein elektrischer Schlag. Ich flüsterte der Kassiererin in einem Anfall von Mut zu, dass sie die Sachen der Frau hinter mir – Kartoffeln, Butter, Käse und Brot aus dem Sonderangebot – scannen sollte. Ich zahlte so schnell, wie ich konnte, und ehe die Frau hinter mir begriff, was geschehen war, raffte ich meinen kleinen Einkauf zusammen und rannte aus dem Laden.

Solch eine Aktion sieht mir gar nicht ähnlich. Normalerweise bin ich zu gehemmt. Und ich hasse es zutiefst, andere Menschen zu beschämen, zu bedrängen oder in Verlegenheit zu bringen. Deswegen könnte ich auch keine Missionarin werden oder in der Fußgängerzone Traktate verteilen oder Network-Marketing betreiben.

Das Pochen in meiner Brust, das Schwingen meines Herzens ist zurück und das ist der Grund, warum ich dir von dieser kleinen Episode an der Supermarktkasse erzähle. Ich möchte dir Lust auf ein analoges Leben machen. Dein Herz könnte wieder mehr im Einklang mit dem Leben und in Verbindung mit Gott schwingen und seine Fühler nach allen Seiten ausstrecken. In den letzten Wochen bin ich früher zu Bett gegangen, ich habe besser geschlafen. Mehr Bücher gelesen. So viele gute Bücher. Ich habe ein neues

Rezept für Sauerteigbrot ausprobiert und es ist mir beinahe gut gelungen. Gestern dachte ich mir ein Rezept für einen Linsensalat mit Äpfeln und geschmortem Rosenkohl aus und ich aß drei Teller davon. Ich habe endlich meinen Cardigan zu Ende gestrickt und trage ihn nun jeden Tag. Ich besuchte eine Freundin. Gemeinsam tranken wir Kaffee. Die Zeit, die wir miteinander verbrachten, war angefüllt mit Gesprächen. Und vor allem mit Zuhören. Ich rede eigentlich gar nicht so gerne. Denn manchmal habe ich einfach nichts Relevantes zu sagen. Oder ich habe Angst, nicht die Worte für das zu finden, was ich eigentlich sagen will. Dann ist es doch besser, den Mund geschlossen zu halten (das lerne ich immer noch), anstatt den Raum mit leerem Geplapper zu füllen. Oder sich erst mal die Zeit zu gestatten, nach den Worten zu suchen, die die eigene Befindlichkeit ins richtige Kleid hüllen.

Und genau das ist das Kernproblem von Social Media. Zu viele Menschen sagen zu viel, weil sie glauben, alles sei für alle relevant. Und je emotionaler man einen – sagen wir – Instagram-Post gestaltet, umso mehr Aufmerksamkeit bekommt man. Waren die Plattformen früher noch gemütliche Nebenstraßen, wo man alte Bekannte und Freunde wiedertraf, sind sie heute achtspurige Autobahnen, an denen Worte und Bilder und Infos und Zitate und Neuigkeiten an uns ohne Pause und Tempolimit und Abstandsregeln vorbeirauschen.

Das ist nicht gesund.

Inhalte, die mich einst begeisterten, überfordern mich und werden zu inflationärer, billiger Massenware. Wir teilen zu viel und teilen uns zu vielen Menschen mit.

Das möchte ich in dieser Phase meines Lebens wieder neu lernen: immer mehr im Hier und Jetzt sein. Das Schweigen und Zuhören lernen. Mir Antworten gut überlegen und über so manche Frage eine Nacht schlafen, bevor ich sie kommentiere. Still werden vor Gott. Mir Zeit geben, die richtigen Worte zu finden. Hören, was mein Herz zum Klingen bringt. Mir gut überlegen, was ich veröffentliche und was nicht. Echt-Kontakte pflegen. Zeit mit Menschen verbringen und in der Natur und im Garten.

In den Garten zieht es mich heute Morgen. Das ist ein guter Ort, an den ich mein Handy nicht mitnehme, denn ich würde es glatt in irgendeinem Beet vergessen. Ich ziehe Rinnen in den frühjahrswarmen Boden. Radieschen werde ich gleich säen. Mir kommt eine Metapher in den Sinn über das Samenkorn, das in den Boden fällt und dort stirbt und neues Leben hervorbringt. Meine Hand greift automatisch nach dem nicht vorhandenen Handy, sie möchte diesen Gedanken sofort auf Instagram teilen. Ich ziehe die Hand wieder zurück. Dieser Augenblick soll nicht zur Massenware werden.

Dieser Augenblick gehört nur mir und Gott und den Radieschen.

Gott geht es nicht um
schnelles Wachstum,
um große geistliche Höhenflüge.
Da, wo du heute bist,

bist du richtig.

– VERONIKA SMOOR

Du blühst NICHT NUR EINMAL

Letztens saß ich mit zwei Freundinnen beim Frühstück. Sie sind die Art Gefährtinnen, bei denen man sich nicht groß erklären muss. Mit ihnen gelingen Gespräche leicht. Wir teilen eine Vorliebe für Bücher, pflegen eine Abneigung gegen soziale Medien und sind in einem Alter, in dem man nicht mehr jeden Bullshit mitmacht. Theologisch sind wir nicht immer einer Meinung, was für eine gesunde Spannung sorgt und uns lehrt, dass wir unterschiedliche Standpunkte vertreten und uns trotzdem von Herzen lieben können.

Wenn du irgendwo in der Lebensmitte stehst wie ich, dann lässt es sich gar nicht vermeiden, dass man auf die Wechseljahre zu sprechen kommt. Das ist nichts, was man verschämt am Rande der Konversation einfließen lassen sollte, sondern mitten auf den Tisch packen muss.

Zurück zu dem Frühstück, bei dem wir unsere Prä- und Postmenopausen zwischen Brotkorb, Marmelade und Kaffee platzierten. Ich klagte gerade darüber, dass mich seit einigen Monaten das Gefühl plagt, meinen Höhepunkt überschritten zu haben. Dass da nichts mehr kommt außer jüngeren Frauen, die hippere Bücher schreiben und coolere Instagram-Auftritte pflegen. Dass ich zum alten Eisen gehöre. An mir nagen Neid, Selbstzweifel, das Gefühl der Unsichtbarkeit und eine Midlife-Krise.

Die Freundin zu meiner Rechten blickte mich an: *„Man blüht doch nicht nur einmal!“*

Ich musste eine Weile darüber nachdenken. Klang das nach einem billigen Kalenderspruch? Aber nein, besagte Freundin verfügt über Lebenserfahrung und Klugheit, und was aus ihrem Mund kommt, hat Substanz. Das hat nichts mit gerahmten, blumigen Pseudoweisheiten zu tun. Das ist durchlebte Erfahrung.

„Ich glaube, aufblühen bedeutet, sich lebendig zu fühlen", fügte die andere lebenserfahrene und kluge Freundin hinzu.

In einer Gesellschaft, deren Leistungsdenken auch durch Kirchentüren sickert, verknüpfen wir „blühen" oft mit richtigem Handeln und Erfolg. Etwas, das wir uns erarbeitet haben. Etwas, das wir aktiv tun müssen. Erst, wenn wir genug geackert haben, dürfen wir uns für fünf Minuten zurücklehnen, bevor uns die Unrast schon wieder überfällt. Aufblühen klingt nach einem anstrengenden Geschäft. Wer auf der Bestseller-Liste landet, blüht auf. Wer eine heile Familie und drei sauber angezogene Kinder vorweisen kann, blüht auf. Wer auf der Bühne steht, blüht auf. Wer täglich in der Bibel liest, blüht auf. Wer grüne Smoothies trinkt, blüht auf. Wer mehr als 10.000 Follower auf Insta hat, blüht auf. Wer den Buchvertrag in der Tasche hat, blüht auf.

Wir verstehen Aufblühen als etwas, hinter dem eine Kausalkette steht. Wenn ich A tue, kommt B raus. Und bei wem das nicht so ist, der hat sich einfach nicht genug angestrengt.

In meinen Zwanzigern versuchte ich, alle richtigen Knöpfe zu drücken (und Gott weiß, es waren jede Menge falsche darunter!), aber sie machten mich nicht lebendig. Auch nicht erfolgreich. Mein Geburtsjahr kennzeichnete mich als Gen X, vom Lebensgefühl her war ich ein Millennial: Ich konnte mich nicht festlegen, keinem vorgezeichneten Karrierepfad folgen. Mir war mein Privatleben schon immer ein wenig wichtiger als mein Arbeitsleben. Ich sah alle anderen um mich herum aufblühen, nur ich schaffte es nicht. Dass alle anderen ebenso struggelten wie ich, wusste ich nicht. Erst als ich im australischen Busch mit Ende zwanzig im Morgengrauen auf einen Berg kletterte, mich auf einen Felsen setzte und der Sonne beim Aufgehen zusah, packte mich die Urkraft des Lebendigseins. Als würde Ahoj-Brause durch meine Adern prickeln. Ein Moment, in dem die Wand zwischen dem Irdischen und Himmlischen für kurze Zeit ganz dünn war.

Ich war dazu bestimmt, in der Natur zu sein. Nicht in hippen Stadtvierteln. Oder in Großraumbüros.

Aufblühen ist ein unerwartetes Geschenk, das uns mit 15, 35 oder 75 ereilen kann. Nicht nur einmal. Sondern immer wieder, wenn wir dem Leben mit Neugier und Offenheit begegnen.

Manchmal kann das bedeuten, ausgetretene Pfade zu verlassen und neue Wege einzuschlagen. Auf Berge zu steigen! Und mehr im Einklang mit der eigenen Persönlichkeit und den eigenen Werten zu leben. Oder endlich den Kurs oder die Reise oder die Ausbildung anzutreten. Oder alte, schädliche Gottesbilder loszulassen und zu erforschen, wie Glaube denn noch außerhalb der alten, ausgetretenen Pfade aussehen könnte.

Momentan findest du mich im Garten. Ich sähe Karotten und pflanze Kohl, den die Schnecken des Nachts mit großem Appetit einen Kopf kürzer machen. Im Blumengarten beschneide ich die Rosen und betrauere die Stauden, die den Frost nicht überlebt haben. Und ich träume schon jetzt von der üppigen Blüte, die hier im Sommer und Herbst herrschen wird. Was ich in den letzten Jahren gelernt habe: Es gibt Blumen, die mehrmals blühen. Aber nur, wenn ich sie nach der Hauptblüte beschneide. Im Sommer gibt es immer einen Kipp-Punkt im Garten. Wenn die Farben verblassen und sich die Köpfe neigen. Aber in Wirklichkeit ist es ein Luftholen, ein Warten auf die Gärtnerin, die stutzt, was zu stutzen ist. Und dann wird der Garten noch einmal lebendig mit satteren Farben. Dort, wo ich die Schere angesetzt habe, verzweigt sich die Pflanze, bildet mehrere neue Blüten.

Es ist ein Naturgesetz, das sich auf den Menschen ausweiten lässt. Das, was uns nicht mehr dient, wird abgeschnitten. Und nach einer Zäsur blühen wir wieder auf. Aber anders als im Frühling, wenn die grellen Farben und das saftige Grün Hochkonjunktur haben. Lebenssatter, ruhiger, gezielter.

Der Gedanke, dass wir Menschen mehrmals blühen,

macht mich dieser Tage sehr, sehr glücklich. Vielleicht bist du 18 oder 38 oder 58 und meinst, du hast in deinem Leben noch nichts Nennenswertes vollbracht und die Zeit läuft dir davon. Dann sage ich dir: Aufblühen hat wenig mit vorzeigbaren Leistungen oder mit geistlichen Hauruck-Aktionen zu tun. Sondern damit, dass du auf das stößt, was dich lebendig macht. Und vielleicht haben dich vor 10 Jahren Dinge lebendig gemacht, die heute in dir nicht mehr viel auslösen. Dann ist es Zeit, das abzuschneiden und darauf zu warten, was Neues in dir wachsen wird.

Ich glaube nicht an die Machbarkeit des Lebens, an lineares Erfolgsgeschehen. Aber ich glaube, dass jeder Tag ein Geschenk ist, an dem wir lebendig werden dürfen.

Natürlich habe ich mir nach diesem Frühstück die Frage gestellt: Und, liebe Veronika, was macht dich denn dieser Tage lebendig?

Es ist eine kleine Liste von komplett unspektakulären Dingen, wie z. B. lange Spaziergänge durch Wald und über Wiesen. Die Punkte auf meiner Liste erzeugen momentan keine üppige Blüte, eher ein Gänseblümchen-Dasein. Und ich merke, wie sehr meine Leistungsprägung herabschaut auf das Gänseblümchen! Anstatt mich darüber zu freuen, vergleiche ich mich mit den Tulpen, die in diesen Frühlingstagen allen anderen die Show stehlen.

Aber hast du schon mal erlebt, dass sich in der Natur Pflanzen oder auch Tiere miteinander vergleichen? Das

Gänseblümchen geht seiner Bestimmung nach, und wenn es Glück (oder Pech) hat, landet es auf einem Kinderkopf als beglückender Blumenkranz. Die Tulpe geht ihrer Bestimmung nach und hegt nicht den Wunsch, ein Kirschbaum zu sein. Die Möwe vergleicht ihr eher schlampiges Nest nicht mit dem kunstvollen Zuhause des Zaunkönigs.

Jeder ist in seiner Art ganz und gar lebendig.

Welch ein Verlust wäre es, wenn das Gänseblümchen frustriert auf das Blühen verzichtete, nur weil es nie eine Tulpe sein wird.

Welch ein Verlust wäre es, wenn du dir die Möglichkeit verbautest, jemals ganz lebendig zu sein, nur weil du keinen Buchvertrag, keine „Idealfigur", keine heile Familie, kein volles Bankkonto, keine Reise auf die Bahamas, keinen gesunden Körper, keinen siegreichen Glauben vorzeigen kannst!

Ich halte mich an der Hoffnung fest, dass Gott – die große Gärtnerin! – dich umhegt und umpflegt. Dass sie sich so sehr um dich kümmert, dass du mehrmals blühen kannst. Und dass sie dich mit Liebe und Begeisterung anblickt, so wie ein Kind, das das erste Gänseblümchen nach dem Winter erspäht.

Wer die

Zukunft verändern will,

muss die Gegenwart stören.

– CATHERINE BOOTH

Güte
VERVIELFÄLTIGEN

Ich versuche etwas Raum zwischen den Rucksäcken und Taschen für meine Beine zu finden. Der kleine rechteckige Bildschirm im Vordersitz zeigt mir an, wo ich mich befinde. Irgendwo über Grönland. Unter mir ziehen Eisberge vorüber, aber ich kann sie nicht sehen, denn erstens ist es Nacht über dem Atlantik und zweitens befindet sich mein Sitzplatz am Gang.

Die letzten 10 Tage habe ich in Kanada verbracht, nun bin ich auf der Rückreise nach Europa. Für mich sind Flugreisen Routine. Das Betreten eines Flugzeugs, das leise, einlullende Rauschen der Klimaanlage, der Geruch nach staubigen Sitzen und abgestandenem Kaffee, das Verstauen des Handgepäcks, das satte Klacken der Gepäckfächer. Ich orientiere mich. Wie viele Sitze liegen zwischen mir und dem nächsten Notausgang? Wo befinden sich die Leuchtstreifen am Boden? Ich habe vor vielen Jahren als Flugbegleiterin gearbeitet. Noch heute könnte ich, wenn du mich mitten in der Nacht aus dem Schlaf reißt, sofort die Notrutsche schießen und die Kommandos für eine Evakuierung rufen. So tief hat sich der militärische Drill in mich eingegraben. Ich weiß um kritische Szenen im Cockpit und tückische Jetstreams und kenne das Prozedere für Festnahmen an Bord. Ich habe bei schweren Turbulenzen Kaffee unfallfrei ausgeschenkt und kann dir einhändig eine Bloody Mary im Plastikbecher mixen. Vollgekotzte Spuckbeutel und betrunkene Männer fertige ich mit links ab.

Aber heute bin ich froh, nicht auf hohen Schuhen und mit schmerzenden Waden und mit schweren Tabletts durch die Kabine eilen zu müssen. Ich boxe mir mein Kopfkissen zurecht, ziehe mir eine Schlafmaske über die Augen, stecke mir Ohropax in die Ohren und versuche zu schlafen. Dabei mache ich mich so schmal wie möglich, denn neben mir sitzen ein Hüne und seine Frau. Beim Einsteigen haben wir uns freundlich und möglichst unverbindlich begrüßt. Es bleibt trotz Routine eine unangenehme Situation, sich so nahe zu kommen. Mein Nebensitzer windet sich wie ein eingeschnürter Entfesselungskünstler. Oder wie unsere Katze, wenn sie versucht, sich in einen winzigen Karton zu setzen. Er presst seine Arme an seinen Oberkörper und lenkt sich mit einem Marvel-Film ab. Gleichzeitig essen ist unmöglich. Und so essen wir in Schichten. Erst das Paar. Dann ich. Wir sitzen so nah aufeinander, dass ich die Nasenhaare des Mannes zählen könnte. Zu viel intime Information, denke ich und versuche, noch ein wenig Richtung Gang zu rücken, wo mein Bein Gefahr läuft, von dem Trolley, den der Steward im Eiltempo durch die Kabine schiebt, abgehackt zu werden.

Es passiert ein Wunder. Ich schlafe ein. Das dumpfe Brummen der Flugzeugmotoren singt mir ein leises Wiegenlied. Realität verschwimmt in Traumlandschaften. Ich bin wieder in Kanada und stehe am Rande eines Sees. Die Zedern sind so hoch und spitz, dass sie das Blau des

Himmels durchbohren, und die Luft ist so klar, dass sie nach Schnee schmeckt. Plötzlich weicht das Licht und etwas Bedrohliches schleicht sich an. Ich kann es nicht sehen, aber ich spüre es unter meinen Füßen. Die Erde beginnt zu beben. Plötzlich hängt ein Puma an meinem Arm und zieht ... und zieht ... und zieht ...

„Hey, Miss! Is this normal?“ Eine Stimme holt mich zurück in die Nacht über dem Atlantik. Über mir leuchten die Anschnallzeichen. Mein Nebensitzer zupft vorsichtig an meinem Ärmel und ich blicke in zwei dunkle, panische Augen. Wir durchfliegen einige Turbulenzen, das Erdnusstütchen auf meinem Tisch tanzt hin und her. „Can you tell me if this is normal?“, wiederholt der Hüne seine Frage. Ich kenne diese Stimme und diesen Ton. So klingt die Stimme eines Menschen, der unter Flugangst leidet. Während meiner Flugbegleiterlaufbahn habe ich davon Hunderte getroffen. Ich lege ihm meine Hand auf den Arm und antworte ihm, dass ich einmal selbst Stewardess war und dass Flugangst etwas ganz Normales ist. Und dann versichere ich ihm, dass dies nur ganz gewöhnliche Turbulenzen seien, und erkläre ihm ein wenig die Physik von warmen und kalten Luftmassen und Luftwellen. Die Anspannung weicht aus seinem Gesicht. Stattdessen bilden sich Fältchen um seine Augen. Er lächelt erleichtert. Und ich füge hinzu: „Bitte zögern Sie nicht, mich anzusprechen, wenn Sie weitere Fragen haben.“ Ich habe den Stewardessen-Jargon immer noch drauf.

Ich kehre zurück in meine Traumlandschaften, bis die nächste Mahlzeit serviert wird. Das Flugzeug schaukelt und hüpft durch die verwirbelten Luftmassen über dem Atlantik. Immer wieder tippt mich der Hüne an. Und jedes Mal lege ich meine Hand auf seinen Arm und wiederhole mit ruhiger, fester Stimme, dass dies alles normal ist. Nach acht Stunden setzen wir zur Landung in Paris an. Ich verstaue das Kissen, trinke den letzten Schluck kalten Kaffee aus und bringe meine Sitzlehne in eine aufrechte Position. Ich plaudere ein wenig mit meinen Sitznachbarn und erfahre, dass sie aus Ghana stammen und Verwandte in Kanada besucht haben. In dem Moment rumpelt und zittert die ganze Maschine. Zwei panische Augen suchen meine. „Das ist nur das Fahrwerk, das jetzt ausfährt. Alles normal."

Wir landen, die Sonne geht gerade über Paris auf. Auf dem Taxiway zu unserem Terminal wendet sich der Mann mir zu. „Vielen, vielen Dank! Ich hatte solche Angst vor dem Flug. Sie hat ein Engel geschickt!" Weil ich nie weiß, wie ich mit Komplimenten umgehen soll, habe ich mir angewöhnt, einfach zu lächeln und mich zu bedanken. Das tue ich jetzt. Lächeln und ein „Thank you" antworten.

Ich verabschiede mich von dem Paar und wünsche ihnen einen guten Weiterflug nach Accra, bevor ich mich auf die Suche nach dem Gate für meinen Flug nach Frankfurt mache.

Während ich auf meinen Flug warte und mich die Müdigkeit zu übermannen droht, denke ich noch eine Weile über diese Begegnung nach. Werden wir mit kleinen Freundlichkeiten unbewusst ein wenig zu Engeln für andere? Wie oft sind mir selbst solche Engel begegnet! Der Mann, der mir junger, überforderter Mutter einmal half, meinen schweren Kinderwagen eine Treppe hinunterzutragen. Die Check-in-Mitarbeiterin, die mich trotz Zuspätkommens noch an Bord des Flugzeugs schleuste. Der Beduine, der mich kranke Rucksacktouristin zur nächsten Klinik fuhr und sicherstellte, dass ich gut versorgt wurde. Die Freundin, die mir immer kleine Karten schreibt und für mich betet. Der Kunde an der Kasse, der mich vorließ, weil er spürte, dass ich es eilig hatte. Die fremde Frau, die mich zur nächsten Bushaltestelle fuhr, weil ich an der falschen Haltestelle ausgestiegen war. Die Freundin, die mir ein Essen vorbeibrachte, als ich krank war.

Ehrlich gesagt sind es alle diese Kleinigkeiten (die für mich alles andere als klein sind), die mir die Hoffnung für unsere Menschengemeinschaft zurückgeben. Die wie ein Schmiermittel für unser Miteinander wirken. Der Mensch wirft nicht nur Hass und Boshaftigkeit und Unterdrückung in die Waagschale. Sondern es gibt noch eine zweite Waagschale: eine, in die die Menschheit das Gute wirft und damit die Güte Gottes widerspiegelt. Es ist dem Menschen ein Bedürfnis, so beobachte ich, diese Güte zu vervielfältigen.

Ich möchte das wieder und wieder einüben. Güte vervielfältigen. Dazu muss ich keine großen Reisen in ferne Länder unternehmen. Das kann ich hier, auf dem Boden, der mich trägt, praktizieren. Einen Augenblick länger an der Kasse stehen bleiben und dem erschöpften Kassierer einen Segen wünschen. Dem Lehrer der Kinder ein Dankeschön per WhatsApp schicken. Der Mutter mit dem Neugeborenen ein Essen vorbeibringen. Und dem Nächsten die Hand auf den Arm legen und ihm versichern: Das ist normal. Du musst keine Angst haben.

Jeder Einzelne

soll sich sagen: Für mich ist die Welt
erschaffen worden, daher bin ich

mitverantwortlich.

TALMUD

Alltag ist heiliger Boden, auf dem ich wachsen darf. Er ist der Schleifsand, der mich und **meine Gottesbeziehung formt.**

– VERONIKA SMOOR

Der Sprung

VOM EINSER

Schon seit Tagen arbeitet unsere 7-Jährige auf ein Ziel hin. „Heute springe ich vom Einser!" Während ich versuche, mich aufs Badesachenpacken zu konzentrieren, sprudelt meine Große wie eine Flasche Mineralwasser, Sorte „spritzig".

„Vielleicht springe ich erst mal vom Startblock, um mehr Mut zu bekommen." „Das machst du, mein Schatz", sage ich und lege so viel Zuversicht und Vertrauen wie nur möglich in meine Stimme.

Eine Stunde später sind wir im Freibad. Es ist ein heißer Tag und wir sind nicht die Einzigen, die Abkühlung suchen. Vor dem Kiosk hat sich eine lange Schlange gebildet. Es riecht nach Pommes, Sonnenmilch, Chlor und Kindheit. Juchzen, Schreien, Planschen und Musik verdichten sich zu einer ohrenbetäubenden Kakofonie des Sommers. Das Schwimmerbecken ist heute ein Stehbecken, vollgepackt mit Kindern, Müttern und hormonerfüllten Teenagern. Ich erleide beinahe einen akuten Anfall von Reizüberflutung und möchte mich in der Umkleidekabine in Embryonalstellung auf die schmutzige Bank legen. Aber da ist meine aufgeregte Tochter mit ihrem großen Plan. Sie zerrt mich Richtung Startblock. Warum sind alle anderen Mütter schon so braun? Ich starre die jungen Mütter in ihren Bikinis zu lange an. Meine Große winkt bereits vom Startblock und ich lenke meine Gedanken zurück zu meiner Tochter. *Es geht heute im Schwimmbad mal nicht um dich, um dein Aussehen und die Pickelchen auf deinen*

Oberarmen. Reiß dich zusammen und stell dich nicht so an, schimpfe ich stumm mit mir selbst. Im Schwimmbad fühle ich mich nicht wie Mitte 40, sondern wie ein unsicheres junges Mädchen. Immer noch.

Meine Große springt ein paar Mal wie ein junges Hündchen vom Startblock ins Wasser und findet immer mehr Gefallen an ihrem eigenen Mut. Dann blickt sie todesmutig in Richtung Ein-Meter-Brett, vor dem sich eine lange Schlange Kinder und Teenies gebildet hat. „Jetzt, Mama! Jetzt spring ich vom Einser. Heute mach ich es wirklich! Aber kannst du bitte zuerst springen?"

Danke, mein Kind. Ich komm mir saublöd vor in meinem Bauchweg-retro-Badeanzug mitten unter schlaksigen Teeniemädels, die noch nicht über Körbchengröße A hinausgekommen sind. Anlauf, Sprung, platsch. Gott sei Dank habe ich eine gewisse Neigung zur Selbstdarstellung.

Jetzt ist mein Kind an der Reihe. Zögernd schiebt sie einen Fuß vor den anderen. Gleißende Sonnenstrahlen brechen sich im Wasser. Ich spüre in meiner Magengegend einen Kloß, ein drängendes Na-komm-mach-schon-es-ist-nicht-schlimm. Sie hat das Ende des Sprungbretts erreicht und steht dort wie eingefroren. In ihrem Gesicht spiegeln sich Sonnenreflexe und Zweifel. Sie schaut mich an, sucht in meinem Gesicht nach Bestätigung. Ich nicke und verberge meine aufsteigende Panik hinter einem Lächeln. Die Schlange vor dem Einserbrett wächst. Unmut wird laut. Mein Mädchen erstarrt. Sie kann weder vor noch zurück und ich spüre ihre erstickende Angst, als wäre es meine eigene. Die Zeit bleibt stehen. Das Kind rührt sich immer noch nicht. Die Menge murrt. Ein einzelner Junge ruft: „Es ist nicht schlimm. Trau dich!" Ich blicke ihn zutiefst dankbar an.

Eine weitere Minute verrinnt wie in quälender Zeitlupe. Mein Mädchen setzt sich hin und versucht, sich aus dem Sitz heraus ins Wasser gleiten zu lassen. Die Angst bremst sie. Meine Tochter beißt sich auf die Lippen. „Du kannst jetzt entweder springen oder umkehren!", rufe ich ihr zu. Aber sie bewegt sich immer noch nicht. Bis der Bademeister ihr sehr ruppig zu verstehen gibt, dass sie nun den Einser frei machen müsse. Wie ein begossener Pudel dreht sie sich um und verlässt mit hängendem Kopf das Brett. Sie fällt in meine Arme, schluchzend. „Mama, ich wollt es so gerne schaffen und hab mich blamiert!"

Im Moment ihres Versagens, ihrer Scham, ihrer Verzweiflung platzt mein Herz vor Liebe für dieses Kind. Ich beuge mich zu ihr hinunter, nehme sie in den Arm. „Ich hab dich so lieb, ganz egal, ob du vom Einser springen kannst oder nicht. Aber ich weiß, für dich ist es gerade schlimm." Mein Kind weint in meinen Bauchweg-retro-Badeanzug und ich halte sie fest, während hinter uns Teenies Arschbomben vom Ein-Meter-Brett machen. Ich wünschte, ich könnte ihren Schmerz wegnehmen. Aber es gibt keine Worte, die ihre Not lindern. Sie muss sich durch ihren dornigen Schmerz hindurchhangeln mit meiner bedingungslosen Liebe als Hangelhilfe.

Nachts kann ich nicht schlafen und meine Gedanken wandern immer wieder zu dieser Szene am Beckenrand zurück. Ich kann nicht anders, als jetzt an Gott zu denken. Wie er am Beckenrand meines Lebens steht und mir zusieht. Nicht als richtender, ungeduldiger, kleinkarierter Bademeister. Oder als kopfschüttelnder Drängler hinter mir. Sondern als Mutter, die mir Mut für den nächsten Schritt macht. Manchmal schaffe ich ihn, diesen Schritt. Und oft gehe ich fünf Schritte zurück. Steige hinunter vom Sprungbrett. Ich habe es nicht geschafft. Ich schäme mich so sehr. Da steht sie dann schon bereit, meine Mutter, die alles wie ihren eigenen Schmerz mitgefühlt hat. „Ich hab dich lieb, ganz egal, ob du es geschafft hast oder nicht."

„Und wenn ich zum hundertsten Mal versagt habe?"

„Dann hab ich dich zum hundertsten Mal lieb."

Das geht schwer rein in meinen Schädel, der von Leistungsgedanken und Sorgen und Ängsten ganz verformt ist.

„Und du hast mich auch lieb in meinem Bauchweg-retro-Badeanzug, mit meinen blassen Beinen, meinen Pickeln auf den Oberarmen, meinem Versagen als Mutter, Ehefrau und Christus-Nachfolgerin?"

„In Momenten deines Versagens und wenn ich dich so in deiner ganzen Veronika-heit sehe, platzt mein Herz vor Liebe zu dir, mein Kind."

Glauben bedeutet,

sich bereits im Voraus
auf etwas zu verlassen,
was erst im Nachhinein
einen Sinn ergibt.

PHILIP YANCEY

DER
Birnbaum

Ich unternehme meinen allabendlichen Rundgang durch den Garten. Es ist August. Heißer, sattschwerer August. In der Luft hängt schon eine Ahnung von Herbst. Die Apfelbäume machen die letztjährige Missernte wett und biegen sich unter ihrer Last. Gurken, Kürbisse und Kartoffeln wetteifern miteinander. Was für ein Reichtum. Und der kleine tüchtige Birnbaum ... Oh, der große, mit vielen Früchten behängte Ast ist abgeknickt. Schnell bringe ich drei Stützen an, um zu retten, was noch zu retten ist. Mein armes Bäumchen ist fast an seinen vielen Birnen zugrunde gegangen. Rettung in letzter Sekunde.

Ich fühle mit meinem Birnbaum, kenne sein Dilemma nur zu gut. Ich „behänge" mich auch gerne mit zu vielen Dingen. Mit Ansprüchen und Arbeit und Perfektionismus und Terminen. Das Fatale: Ich spüre meist nicht, wie die „Äste" immer schwerer und schwerer werden. Bis ich mich geknickt, gebeugt, freudlos und unendlich schwer durchs Leben schleppe.

Vor vielen Jahren jobbte ich auf einer Apfelplantage. Dort lernte ich nicht nur Agrarwissen, sondern fürs Leben: Möglichst früh großzügig ausdünnen!

Mein Job fühlte sich kontraintuitiv an. Fast brachte ich es nicht übers Herz. Ich musste Mengen unreifer Äpfel pflücken, sie zum Verfaulen auf den Boden werfen, sodass der Rest der Früchte sich optimal entwickeln konnte und die Äste nicht brachen. Was zunächst wie ein Ernteverlust aussah, kam dem Apfelbauern und dem Baum zugute.

Ich versuche es mehr und mehr zu verinnerlichen, dass ich auf meine Lebensplantage hinausgehen muss, um mir die Lebensbereiche genau anzuschauen, die ausgedünnt werden sollten, damit anderes gedeihen kann. An meinen Ästen möchte so vieles wachsen. Wichtiges und Unwichtiges. Karriere und viel Familienzeit. Geld und ein toprenoviertes Haus. Gute Freundschaften und Zeit für mich. Selbst gebackenes Brot und das Engagement im Obdachlosendienst. Heimatfinden und Reisen. Sport und Freizeit. Ein sauberer Haushalt und Zeit zum Schreiben. Die optimale Förderung meiner Kinder und viele freie Nachmittage. Ein straffer Body und Snacks.

Eine Freundin sagte mir einmal: „Das muss unsere Generation verstehen lernen: Wir können nicht alles haben. Oft ist es Entweder-oder."

Unser Perfektionismus, unsere Anspruchshaltungen, das Getriebensein, unsere übersteigerte Selbstreflexion bringen uns nicht näher an das Leben, das Gott für uns gedacht hat, sondern sehr viel weiter weg.

Während ich dieses Buch schreibe, habe ich anderes fallen lassen. Ich kaufe mein Brot beim Bäcker, anstatt es selbst zu backen. Social Media habe ich ausgestellt und verliere Follower. Die Fenster bleiben ein paar weitere Monate ungeputzt. Entweder ich schreibe dieses Buch. Oder ich habe Follower, saubere Fenster und selbst gebackenes Brot.

Es ist mir eine wertvolle Übung geworden, aus meinen Lebensästen Dinge herauszupflücken, damit etwas in Ruhe gedeihen kann und ich dabei nicht den Verstand verliere.

Nach meinem abendlichen Rundgang bin ich mehr denn je davon überzeugt, dass es sich lohnt, Frieden mit der Tatsache zu schließen, dass ich einiges abwerfen darf. Damit mich nicht das gleiche Schicksal ereilt wie mein armes Bäumchen.

Ich will einem Leben auf die Spur kommen,

das reich ist an Begegnungen, an Neugierde, an Trost, an Einfachheit, an Sommerabenden unter dem Sternenhimmel, an einfachem und gutem Essen, an Geschichten, an Überraschungen, an Büchern und Kreativität, an Herausforderungen und Heilungen, an Nickerchen und richtig gutem Kaffee am Morgen.

VERONIKA SMOOR

WO GOTT *zu finden ist*

Mein Glaube hat ein bisschen Glanz eingebüßt und hier und dort Schrammen erhalten. Aber er ist immer noch stark und tiefer verwurzelt denn je. Meine bisherige Glaubenspraxis jedoch ist brüchig geworden. Wie ein stumpf gewordenes Messer, das sowieso nie richtig scharf war.

Als junge Christin hatte ich gelernt, wie wichtig es ist, regelmäßig in der Bibel zu lesen, auf eine ganz bestimmte Art und Weise zu beten, die richtigen Lieder zu hören und zu singen und mit gleich gesinnten Christinnen und Christen Gemeinschaft zu haben und regelmäßig in die Seelsorge zu gehen.

Das alles funktionierte. Bis es nicht mehr funktionierte. Und wenn das auch bei dir der Fall sein sollte, kann es sein, dass du dich verschämt fragst, was mit dir nicht stimmt. Deine Anstrengungen laufen ins Leere und aus einer Gottesbeziehung, die fröhlich und innig sein möchte, ist ein schlechtes Gewissen geworden.

Vor einiger Zeit hielt ich in einer Gemeinde einen Vortrag. Das Echo war gemischt. Eine junge Teenagerin (die normalerweise nicht zu meinem Zielpublikum gehört) fiel mir um den Hals. Eine andere Frau näherte sich mir vorsichtig von der Seite. Sie trug ihre Bibel unter dem Arm. Sie war wohl ihr größter Schatz, den sie mit Sorgfalt und Hingabe hütete. Wie wunderbar.

Sie räusperte sich und fragte: „Wie lebst du eigentlich deinen Glauben?“

Ich kann mich nicht mehr daran erinnern, was ich im Detail geantwortet habe. Aber ich wusste in jenem Moment, welche Antwort sie gerne von mir hören wollte und dass alles, was vom traditionell-frommen Protokoll abwich, mich in ihren Augen als Häretikerin entlarven würde.

Nach meiner Antwort wendete sie sich verunsichert und enttäuscht von mir ab. Am liebsten hätte ich sie fest in den Arm genommen, ihre inneren Schubladen behutsam geöffnet, um Licht und Luft hineinzulassen und ihr die Angst vor Menschen zu nehmen, die ihren Glauben anders gestalten.

Aber seitdem echot die Frage in meinem Kopf. Wie lebst du eigentlich deinen Glauben? Ich möchte mich hinterfragen lassen und den Dingen auf den Grund gehen.

Ich komme zu folgenden Antworten:

Immer und immer wieder finde ich Gott in den Nischen meines Alltags. All die Arbeit und die Menschen, die er mir anbefohlen hat, sind mein Gottes-Dienst. Das kann das Kloputzen oder eine Predigt sein. Das sind meine Kinder und die müde Kassiererin im Supermarkt.

Ich laufe durch die Weinberge, sooft ich kann. Bei jedem Schritt schütte ich mein Herz bei Gott aus. Da purzelt ihm so einiges entgegen und gemeinsam sortieren und sichten wir. Der Rhythmus meiner Beine ist der Rhythmus meines Gebets.

Am Donnerstagabend singe ich mit drei Dutzend Menschen im Chor. Menschen, die unterschiedliche Geschichten und unterschiedliche Glaubenshaltungen mitbringen, aber mit manchen Liedzeilen können wir uns alle identifizieren.

Ich finde Halt in Liturgien und Psalmen. Die uralten Worte spiegeln universelle Sehnsucht, das menschliche Erleben und göttliche Liebe wider.

Ich lese Biografien, rede mit alten Menschen, höre mir Geschichten an. Sie lehren mich alle, dass das Leben keinen linearen Verlauf nimmt – auch dann nicht, wenn ich besonders fromm bin und die richtigen Gebete spreche. Wir werden Tragisches und Herzzerreißendes erleben. Aber auch Wunder und Trost und Neuanfänge.

Im Sommer suche ich Wildbadeorte auf. Im Wasser von Flüssen und Seen fühle ich mich Gott so nahe wie nirgends sonst.

Manchmal lese ich Bücher über das Gehirn, den menschlichen Körper, Abläufe in der Natur, das Weltall. Sie lassen mich erstarren vor Ehrfurcht. Vor einem Schöpfergott, der alles bis ins kleinste Detail perfekt ausgeklügelt hat. Wenn du dich überzeugen willst, dann googel mal das Bärtierchen. Wirklich, ich meine es ernst: Leg das Buch jetzt sofort aus der Hand und lies den Wikipediabeitrag!

Mein Garten lehrt mich mehr über Resilienz und das Leben und Gottes Freundlichkeit als jede Bibelstunde.

Oh, und das Feiern! Spontanes Kaffeetrinken mit Nachbarn auf der unaufgeräumten Terrasse und lange Tafeln, die sich unter Festessen biegen. Wenn Menschen zusammenkommen, losgelöst von ihren Aufgaben, ist Raum für Lachen und gute Gespräche und tiefe Verbindung.

Aber es sind auch und vor allem die einfachen Freuden des Alltags, die mir ein stilles Danke ins Herz malen. Ein spontaner Büchereibesuch mit der Tochter. Das Morgenlicht, welches eine schwierige Nacht beendet. Ein guter Earl Grey aus meiner Lieblingstasse. Der erste Salat aus dem Garten. Himbeeren. Ein Brief oder eine E-Mail, die von Herzen kommen. Oder eine Sprachnachricht. Wäschegeruch. Ein unverplanter Sonntagnachmittag. Nickerchen. Ein gelungener Satz. Diese Freuden sind für mich wie die bergenden Flügel aus Psalm 91,4:

„Unter seinen Schwingen birgt er dich und unter seinen Flügeln kannst du dich verstecken, ein Schutzschild, ja, ein Schutzwall ist seine Treue."

Ich finde Gott in den Gesichtern der Zerbrochenen, der Trauernden, der Einsamen, der Fragenden, der Zweifelnden, der Kranken. Sie sind es, die seine Nähe am meisten brauchen. Und weil dem so ist, sind sie unsere Nächsten. Deshalb will ich Zeit mit ihnen verbringen (auch wenn es mir – Gott weiß! – nicht immer leichtfällt).

Ich nehme Gott mit auf Reisen. Wie ein ungeduldiger Vater kann er meine Reaktion kaum erwarten. Eifrig zeigt er mir die Berge, die Flüsse, die Menschen, die Tiere, die er geschaffen hat.

Ich könnte noch weitermachen, die Liste bis ans Buchende füllen. Aber das würde meiner Lektorin weniger gefallen, deshalb höre ich hier jetzt auf.

So lebe ich also momentan meinen Glauben.

Morgen oder in einem Jahr oder in zehn Jahren mag das ganz anders aussehen.

An einen Satz, den ich der Frau mit der Bibel unter dem Arm mitgab, kann ich mich noch sehr gut erinnern. Während sie sich von mir abwandte, rief ich ihr hinterher:

„Nur weil etwas nicht besonders fromm aussieht, bedeutet das nicht, dass Gott dort weniger präsent ist."

Wie lebst du eigentlich deinen Glauben? Diesen Satz dürfen wir nicht als versteckten Vorwurf verstehen, sondern als Einladung, Gott mit an neue Orte zu nehmen. Orte, von denen wir früher meinten, Gott würde sich dort weniger wohlfühlen als in den Kirchen, in denen wir ihn am Sonntag lobpreisen.

Ach, wir kennen unseren Jesus schlecht. Er ging mit zu wilden Feiern. Er betrat Leprakolonien und predigte in traditionellen Synagogen und vorzugsweise in der Natur. Sein Lieblingsort – so meine ich aus den Evangelien herausgelesen zu haben – war der Esstisch. Er ließ sich nicht zweimal bitten, dort Platz zu nehmen. Jesus war in der Wüste, auf einsamen Pfaden, auf dem Rücken eines Esels und am Ende in der Mitte seiner Feinde. Er hat enge Schubladen aufgesprengt. Und das tut er noch heute. Unermüdlich ist er am Werk, möchte Licht und Luft in unser Leben hineinlassen.

Die kanadische Autorin Sarah Bessey schreibt dazu:

„Whatever nourishes our soul can be a practice of faith when you invite awareness of God's love and goodness to that intersection."

Eine Glaubenspraxis kann alles sein, was deine Seele nährt, wenn du das Bewusstsein von Gottes Liebe und Freundlichkeit mithineinnimmst.

Lass dich nicht verunsichern, wenn sich alte Wege als Sackgassen entpuppen. Du lebst dein Leben heute ja auch nicht mehr nach den Standpunkten, die du mit 8 oder 18 hattest. Wir entwickeln uns weiter – müssen das sogar – und passen uns immer wieder neu dem Leben an.

So wie das Bärtierchen seiner Umgebung. (Du hast es noch nicht gegoogelt? Dann wird es jetzt aber höchste Zeit!)

Immer, wenn ich mitten im Alltag innehalte und gewahr werde, wie viel mir geschenkt ist, werden die zahllosen Selbstverständlichkeiten zu

einer Quelle des Glücks.

– GUSTAVE FLAUBERT

Mein kleines Leben

hängt nicht davon ab,
was ich mache und
vollbringe und arbeite.

Sondern was er
aus mir macht

und was er vollbringt
und wie er an mir arbeitet.

– VERONIKA SMOOR

DER *Ring*

Ich trage meinen Ehering an der linken Hand, was hierzulande unüblich ist. An der rechten empfinde ich ihn als unangenehm und gerade im Sommer, wenn ich mit meinen Händen viel körperliche Arbeit durchführe, ist er mir im Weg. Also links. Aus pragmatischen, unemotionalen Gründen. Rechts trage ich an Tagen, wenn ich nicht im Garten wühle, einen auffälligen Silberring mit einem großen, ovalen Aquamarin.

Bei meiner zweiten Tasse Kaffee des Tages brüte ich über der Frage, warum wir Menschen überhaupt Ringe tragen. Und Schmuck. Warum schürft der Mensch unter Lebensgefahr Edelmetalle und Steine aus dem Erdboden? Und hängt sie sich dann um den Hals oder den Arm und verstümmelt Körperteile, um durch Ohrläppchen oder Nabel einen Ring zu ziehen? Wenn man genauer darüber nachdenkt, ist das eine wirklich seltsame Angewohnheit, die aber kulturübergreifend seit den frühesten Zeiten von Menschen praktiziert wird. Dazu müsste ich mal einen Anthropologen befragen. Leider kenne ich keinen. Ich habe nur Sozialpädagogen und Autoren und Menschen mit ähnlich unnützen Berufen im Freundeskreis. Immer, wenn ich eine Rechtsanwältin oder einen Automechaniker oder eine Anthropologin bräuchte, wird mir das schmerzhaft bewusst.

Schmuck bescheinigt den sozialen Status und hat identitätsstiftenden Charakter. Ein Punk in den 80er-Jahren fühlte sich zugehöriger, wenn er sich eine Sicherheitsnadel durchs Ohr zog und sich ein Stachelhalsband umlegte.

Aber Schmuck kann auch materielle Notreserve bedeuten. Bis ins 19. Jahrhundert hinein trugen z. B. friesische Fischer und Seefahrer einen goldenen Ohrring, der ihnen am Ende ihres Lebens eine christliche Bestattung finanzierte. Auch wenn der Seefahrer an einer fremden Küste angeschwemmt wurde. Clever!

Nicht nur Menschen putzen sich heraus, sondern auch Tiere, wie ich nach einer kurzen Google-Expedition erfahre. Männliche Flussdelfine im Amazonas schmücken sich mit Seegras, ähnlich wie ein Mann mit einer Blume im Knopfloch, um Weibchen anzulocken. Und der australische Seidenlaubvogel ist Schmuckexperte für Innendekor. Er sammelt alles, was blau ist. Schmucksteine, Federn, Flaschendeckel, Nerf-Pfeile, Strohhalme, Plastikverpackungen, Muscheln, Wäscheklammern. Damit schmückt er sein Nest, das er auf dem Boden baut, und lockt damit die Weibchen an. An dieser Stelle musst du jetzt kurz das Lesen unterbrechen und dir unbedingt ein YouTube-Video dieser ungewöhnlichen Vögel ansehen. Gib einfach Bower Bird oder Seidenlaubenvogel in die Suchleiste ein. Wenn du Glück hast, siehst du sogar, wie das schwarz-blau schillernde Männchen dem Weibchen einen Plastikring hinhält.

Wie gut, dass mir mein Mann damals vor vielen Jahren keinen Plastikring ansteckte. Ich hätte vielleicht das Weite gesucht.

Heute trage ich Schmuck, weil er für mich starke Symbolkraft hat. Meine Ringe erinnern mich an etwas. Mein Ehering erinnert mich an Treue. An unser Versprechen.

Und der Aquamarin-Ring? Seine Geschichte reicht viel weiter in die Vergangenheit zurück als mein Ehering. Meine Großmutter trug ihn einst in den 30er- und 40er-Jahren. Als sie aus Breslau im eisigen Januar 1945 mit ihren drei kleinen Kindern fliehen musste, packte sie ihn mit ein. Ich stelle mir vor, wie sie ihn tief im Gepäck vergrub oder vielleicht in den Saum ihres Kleides einnähte. Er überstand alle Gefahren, bis er schließlich in der Schmuckschatulle meiner Mutter landete. Meine Großmutter lebte nicht mehr lange nach dem Krieg. Die körperlichen und seelischen Strapazen waren zu groß gewesen. Und doch war sie eine starke Mutter. Eine Kämpferin. Eine, die sich von den Wellen, die ihr entgegenschlugen, nicht niederringen ließ und immer wieder aufstand. Bis ihr Körper sich gegen sie stellte.

In der Schmuckschatulle meines Elternhauses entdeckte ich den Ring als kleines Mädchen. Ich war von seinem Blau angezogen wie das Weibchen von den blauen Flaschendeckeln des Seidenlaubenvogels. Ich steckte ihn mir heimlich an, drehte und wendete ihn hin und her und verlor mich in den schillernden Blautönen, die dank seines Schliffs mal heller und dunkler glitzerten.

Vor einigen Jahren hat ihn mir meine Mutter geschenkt. Nun trage ich ihn, sooft es geht.

Er ist mir mit der Zeit zu einem Symbol geworden. Der Ring steht stellvertretend für meine starken Vorfahrinnen. Für alles, was sie durchlitten haben. Und trotzdem nicht aufhörten zu lieben. Für ihre Stärke im Angesicht des Bösen. Für Entschlusskraft und Durchhaltevermögen. Für einen starken Rücken und ein weiches Herz.

Der Ring erinnert mich daran, woher ich komme. Und dass ich ein Erbe weitertrage, nicht nur materiell, sondern meine DNA, die den Schliff meiner Vorfahrinnen besitzt.

Vor einigen Wochen ging es mir nicht gut. Die Wellen schlugen über mir zusammen und die Situation war zu groß, als dass ich sie hätte bewältigen können. Ich betete und flehte und hoffte, dass Gott Licht und Durchbrüche schenken möge. Mein Blick fiel auf meinen Ring. Und da war mir, als flüsterte Gott mir zu: „Du hast mehr Stärke in dir, als du meinst. Du hast immer genug Kraft in dir, um nur einen einzigen Schritt zu gehen. Und mag er noch so klein sein."

Die Erlebnisse meiner Großmutter sind für mich kein Gradmesser, an dem ich meine eigenen Nöte messe. Sie sind ein Gradmesser dafür, was alles in mir steckt. Alle Kräfte, von denen ich nicht weiß, dass ich sie habe, bis ich sie aktiviere.

Ich glaube nicht an eine geheimnisvolle esoterische Kraft von Steinen. Aber ich glaube, dass wir Symbole in unserem Leben brauchen. Weil sie etwas in uns aktivieren können, weil sie uns daran erinnern, wer wir sind, wer der andere ist und wer Gott für uns Menschen ist. Sie sind eine Universalsprache, wenn Worte nicht ausreichen:

das Kreuz, das an unserer Wand hängt.

Die Blumen, welche wir auf ein Grab legen.

Der Ring, den wir uns anstecken.

Das Brot und der Wein am Gründonnerstag.

Das Labyrinth für das menschliche Leben mit seinen Irrungen und Wirrungen.

Eines Tages werde ich den Ring weitervererben. An eine meiner Töchter. Damit füge ich dem Ring eine weitere Vorfahrin hinzu, die ihn trug. In den Stürmen und Festen, Irrungen und Wirrungen des Lebens. Und ich bete, dass die Vorfahrinnenkraft und das Gottvertrauen auch in ihre DNA hineingeschliffen werden.

Die Nähe Gottes

ist nichts, was ich mir erarbeiten kann. Sie

ist ein Geschenk,

das zu mir kommt, wenn ich still werde.

– VERONIKA SMOOR

STILLE, LANGSAME

Grade

Ich habe lange an das Vorher-nachher-Narrativ geglaubt. Jugendzeitschriften fütterten mich mit Berichten von Mädchen, die vorher – in ihrem schlechten Leben – hässlich, dick und unbeliebt waren. Und nachher, mit der richtigen Diät und dem harten Training, hatten sie den Durchbruch zu einem besseren Leben geschafft. Das jeweilige Mädchen wurde auf Fotos vorher mit unvorteilhafter Haltung und aus einem ungünstigen Winkel abgebildet. Das Nachher-Bild zeigte sie in gutem Licht, mit einem kompletten Makeover und einem strahlenden Lachen.

Ich schlabberte diese Geschichten auf wie eine Katze eine verdorbene Milchpfütze, weil sie mir Hoffnung auf mein persönliches „Nachher" machten.

Die Vorher-nachher-Geschichten wurden nicht nur in Frauenzeitschriften erzählt, sondern auch in der frommen Welt, in der ich mich bewegte. Spektakuläre Bekehrungsgeschichten machten in Gottesdiensten und auf Sommerfreizeiten die Runde, denen wir mit offenen Mündern und Sensationslust lauschten. Manchmal habe ich mir damals gewünscht, ich hätte eine richtig schlimme Vergangenheit gehabt, nur um mit einer „krassen, echten Bekehrungsgeschichte" Aufmerksamkeit zu bekommen.

Das Vorher dieser Bekehrten war häufig von Gewalt und Drogen und Promiskuität geprägt gewesen. Dann trafen sie Jesus. Und alles wandte sich zum Guten.

Ich möchte diese Erlebnisse nicht schmälern, denn ich

bin überzeugt, dass Jesus Menschen aus dem tiefsten Sumpf herausziehen und auf festen Boden stellen kann. Ich bin überzeugt, dass uns der Heilige Geist an den unheiligsten Orten findet und uns herausführt.

Aber wenn man dann festen Boden unter den Füßen hat, bleibt man ja nicht stehen, sondern geht weiter. Da bleibt es nicht aus, dass man sich mal wieder verirrt oder hinfällt oder an Lebensdornen hängen bleibt. Das Leben schreitet voran und nimmt seinen krummen, wundersamen Verlauf. Diesen Teil der Geschichte, in dem wir wieder dick und hässlich und rückfällig werden, verschweigen wir. Diese Ernüchterung kann nicht jeder gut verdauen und so manch feuriger Bekehrter winkt Jahre später müde ab und schämt sich ein wenig für seine Jesus-Phase.

Ich habe in meinem Leben langsame Entwicklungen erlebt. Und keine radikalen Wendungen. Kein beeindruckendes Vorher-nachher. Ich stolpere jahrelang immer wieder über dieselben Hindernisse und dann, fast unmerklich, wird das Stolpern weniger. Und irgendwann blicke ich zurück, staunend, weil ich schon lange nicht mehr über die alten Hindernisse gefallen bin. Das ist stille, langsame Gnade, die viel zu unspektakulär fürs Rampenlicht ist. Aber sie ist wunderschön.

Wir werden wieder hinfallen. Und aufstehen. Und Zeiten der Dunkelheit durchmachen. Und Zeiten der Freude. Wir werden doch wieder unseren Partner anmotzen. Und uns zu viele TikToks ansehen. Und Halbwahrheiten erzählen. Und uns in das beste Licht rücken.

Das Nachher, auch wenn wir Fortschritte in unserem Leben machen, sieht an manchen Tagen verdächtig aus wie das Vorher. Unser Leben verläuft nicht linear, sondern zyklisch.

Ich habe lange über diese Umstände nachgedacht. Auf einem Spaziergang durch die Weinberge. Das war vorgestern. Gott sei Dank habe ich Weinberge und Wälder, die ich an manchen Nachmittagen durchqueren und dabei meinen Gedanken freien Lauf lassen kann.

Mir kam die Geschichte vom verlorenen Sohn in den Sinn. Tausende Male habe ich sie gehört. Und immer so verstanden, dass die Rückkehr des reuigen Sohnes zum Vater eine einmalige Sache ist. Ein Vorher-nachher-Narrativ. Vorher warst du Schweinehirt. Jetzt bist du im Hause deines Vaters. Vorher warst du schmutzig. Jetzt bist du sauber und in Sicherheit. Jesus beendet diese Geschichte mit einem Fest, das der Vater für seinen Sohn ausrichtet. Aber wir wissen nicht, wie das Leben des Sohns danach weitergeht. Ob die großen Gefühle des Wiedersehens, des Verzeihens bis zum Ende durchtragen oder von den Mühlen des Alltags zerrieben werden.

Ich trottete an einem Bach vorbei, hielt an und sah dem Wasser zu, wie es unbeeindruckt über Felsen gurgelte. Und mir kam ein weiterer Gedanke: Was, wenn man diese Geschichte auch anders verstehen könnte?

Was, wenn die Rückkehr zu Gott nicht eine einmalige Angelegenheit wäre, sondern eine tägliche oder wöchentliche Praxis?

Ich zum Beispiel gehe gerne meine eigenen Wege und am Abend kehre ich zu Gott zurück und schütte alles vor ihm aus. Bei dieser Rückkehr – meist, wenn ich im Bett liege – spüre ich, wie er mir mit offenen Armen entgegenkommt und mich mit diesem gütigen Blick ansieht, der sagt: „Ich weiß." Und dann gehen wir nebeneinanderher, zurück ins Haus. Zurück in die Sicherheit. Meist ist es eine freudige Rückkehr, manchmal eine reuige.

Die Geschichte vom verlorenen Sohn ist mir eine der liebsten Jesus-Erzählungen.

Aber sie hat mich früher unter Druck gesetzt, wenn ich mich mal wieder auf einer meiner vielen Sommerfreizeiten bekehrt hatte: Jetzt bist du wieder zurück im Vaterhaus, also benimm dich und mach ihm keinen Kummer mehr und geh nie wieder deine eigenen Wege.

Heute weiß ich, dass das Haus Gottes sehr geräumig ist. Mit weitläufigem Garten, in dem ich den ganzen Tag lang herumspaziere und seine ganzen Winkel erforsche. Ich laufe durch seine Weinberge, vorbei an seinen Bächen, und bepflanze seine Beete und streue Samen aus und verstecke mich hinter Schilf und mache dort ein Schläfchen und verirre mich ein wenig im Dickicht der Wälder. Ich stolpere über Wurzeln, hole mir Schrammen und gehe meine eigenen Wege im Garten Gottes. Den Weg zurück ins Haus kenne ich auswendig. Ich beschreite ihn jeden Abend. Und der Vater lässt es sich nie nehmen, dort schon auf mich zu warten. Mit dem gütigen Blick. Mit der Einladung: „Erzähl."

Das Leben hier
ist noch nicht der Himmel,
aber er blitzt
immer mal wieder durch.

– VERONIKA SMOOR

Bahnnotizen

In der Bahn.
Der Mann neben mir
hat sein Notizbuch liegen lassen.

Die Schrift ist gedrängt.

*„Gestern ist mir
mein Leben
abhandengekommen."*

Mir ist schon vieles abhandengekommen.
Geldbeutel. Brille. Brautkleid.
Aber wie kann man das Leben verlieren
wie einen Parkschein?

„Ich brauche dich."

Wer ist dich?
Frau?
Mann?
Hund?
Gott?

Ich schaue aus dem Bahnfenster.
Am Himmel ziehen Schleierwolken vorüber
wie Schlieren auf einer Tafel.

Ich glaube dort zu lesen,
dass Gott
mit seinem Schwamm
das Alte ausradiert
und Neues schreibt.

Meine

Zeit

STEHT IN

deinen

Händen

Diese Woche ist voller als sonst.

Wir leben normalerweise einen Rhythmus, der im Takt mit unseren Bedürfnissen schlägt. Da bleibt neben Schule und Arbeit oft auch ein wenig Raum für Rückzug und eine Runde Scrabble am Abend oder für einen Waldspaziergang oder eine Tasse Kaffee am Nachmittag. Mein Mann und ich arbeiten beide im Home-Office und das ermöglicht uns den kleinen, feinen Luxus der Flexibilität.

Aber manche Wochen haben es in sich. So wie diese. Da reihen sich Termine aneinander. Manchmal zwei, drei an einem Nachmittag. Zwischendrin ruft eine Freundin an und benötigt Trost. Ich muss sie auf später – vielleicht nächste Woche, wenn sich alles beruhigt hat? – vertrösten. Mein Postfach quillt über mit Buchbestellungen, trivialen Fragen und dringenden Arbeitsaufträgen. Ein Kind wird krank und ich schiebe die Arbeit mit Entschlossenheit zur Seite. Ich denke an den Simson aus der Bibel, wie er mit einem letzten Kraftaufgebot zwei Säulen verschob und sie zum Einsturz brachte. Ich versuche, diese Kraft aufzubringen. Mit meinem eigenen Kraftaufgebot will ich natürlich keine 3000 Philister um ihr Leben bringen. Ich brauche keine Trümmer, nur etwas mehr Luft um unsere kostbare Zeit und unsere Herzen.

Nachdem ich mich ausgiebig um das kranke Kind gekümmert habe, setze ich mich wieder an den Schreibtisch. Was ist jetzt wichtig? Schreiben. Dieses Buch. Also schiebe ich Unaufschiebbares zur Seite. Fege die angefangene Steuererklärung weg. Denn wenn ich eines in den letzten Jahren gelernt habe, dann dieses: Wenn ich mich den dringenden Dingen widme, komme ich nicht zu dem, was wirklich wichtig und gut ist. Das hier, dieses kleine Buch, das du in den Händen hältst – das ist mir wichtig. Und hoffentlich ist es so gut, dass du es bis zum Ende liest und nachher ein paar Kaffeeflecken die Seiten zieren. Kaffee, den du dir gegönnt hast, obwohl dich viel Arbeit bedrängte.

So geht es mir nicht nur mit meiner Herzensarbeit, dem Schreiben. Auch mit Menschen ist das so. Die Dringlichkeiten des Lebens bauen Mauern, die uns voneinander trennen. Ich denke an die Freundin, die mich gestern sprechen wollte. Für sie hatte ich keine Zeit. Deshalb darf das Abtragen von Dringlichkeiten auf keinen Fall zum Dauerzustand werden. Aber ja, in solchen Wochen ziehe ich den Kreis viel, viel enger. Meine Zeit und Kraft reichen dann ausschließlich für meine Familie.

Meine Beziehungen bekommen diese Woche nur winzige Schnipsel meiner Aufmerksamkeit und ich stelle fest, dass das nicht weiter schlimm ist. Diese Schnipsel jedoch fülle ich ganz bewusst und wohlbedacht aus. Das ist ein Geheimnis, dem ich mehr und mehr auf die Spur komme: Dinge wohlbedacht und bewusst zu tun.

Heute könnte das bei mir so aussehen:

» Am Morgen nehme ich mein Gebetbuch zur Hand. Ich lese eine kleine Liturgie und lege Gott den Tag und meine Sorgen hin.

» Ich stelle meinen Handytimer auf eine Stunde. In dieser Stunde schreibe ich ohne Ablenkung und erlaube mir, die Worte fließen zu lassen, ohne mich dabei zu zensieren. Redigieren kann ich später. Hauptsache, ich widme mich ganz dem Rhythmus und Fluss der Worte.
» Beim Einkaufen halte ich beim Bezahlen kurz inne, schaue dem Verkäufer oder der Verkäuferin in die Augen, lächle und wünsche einen schönen Tag.
» Wir decken als Familie abends den Tisch und sitzen eine halbe Stunde – ohne Handy – zusammen. Essen. Erzählen. Streiten. Lachen.
» Ich gehe eine Viertelstunde in den Garten. Eine Pause. Im Sonnenschein. Ich zupfe hier und da ein paar störende Beikräuter, trinke eine Tasse Kaffee im Schatten der Kiefer.
» Jeder E-Mail, die ich absende, hefte ich ein stilles Segensgebet für den Empfänger an.

Ich bin Hüterin meiner eigenen Zeit. Sie ist eine Leihgabe, eine empfindliche noch dazu. Und meine Töchter beobachten mich, wie ich damit umgehe. Sehen sie eine Frau, die dauerhaft getrieben ist von dem Gefühl, dass Zeit eine knappe Ressource ist? Sehen sie eine Mutter, die überfunktioniert, die zu oft Ja sagt, die nie gelernt hat, Hüterin ihrer eigenen Zeit zu sein, die von äußeren und inneren Anforderungen hin und her geworfen wird?

Vor einiger Zeit sangen wir im Gottesdienst ein Lied, das ich fast schon vergessen hatte. Als ich jung war, sangen wir es auf Sommerfreizeiten so oft, dass es bis Weihnachten in meinem Kopf echote: „Meine Zeit steht in deinen Händen." Ich dachte an mein 13-jähriges Ich, das damals in den Wäldern der Vogesen dieses Lied mit einer Gruppe von feurigen Christinnen und Christen schmetterte. Und wie anders ich den Text zu jener Zeit empfand. Damals lag das Leben vor mir wie eine unberührte Schneedecke und ich konnte es kaum erwarten, sie für mich zu erobern. Ich wusste, es würde mindestens zweihundert Jahre dauern, bis ich 48 Jahre alt sein würde. Zeit war meine letzte Sorge, denn es lag eine Ewigkeit vor mir.

Meine einzige Sorge galt der Schule. Wenn wir zu dem Vers kamen: „Du gibst Geborgenheit, du kannst alles wenden. Gib mir ein festes Herz, mach es fest in dir", dann dachte ich an die Mathearbeit oder das bevorstehende Bio-Referat oder die gemeinen Jungs aus der Parallelklasse.

Lieder, die man schon sein ganzes Leben lang kennt, versteht man mit 13 ganz anderes als mit 48. Und ist das nicht schön, nebenbei bemerkt? Dass sie für jede Lebensphase etwas parat halten, das tröstet und durch Untiefen hindurchträgt?

„Meine Zeit steht in deinen Händen." Heute verbleibt mir weniger Lebenszeit als mit 13 und deswegen besitzt diese Zeile eine ganz andere Dringlichkeit. Die mir geschenkte Zeit ist zu einer kostbaren Ressource geworden. Es gibt noch so viel zu tun, so viele Worte, die ich schreiben und sprechen will. So viel Herzensarbeit. So viele Menschen, die mich brauchen und die ich brauche. So viele Bücher, die ich lesen möchte, und Gedanken, die gedacht werden wollen. Geschichten, die aus mir herauswollen, und Gespräche, die geführt werden müssen, und Spaziergänge, die gegangen werden wollen.

Ich denke an einen Freund, der nicht mehr lange zu leben hat. Den Krebs konnte man aus seinem Körper nicht herausschneiden und so schneidet er jetzt alles Überflüssige aus seinem Leben heraus. „Ich habe die Grenze um meine Zeit ganz eng gezogen. Ich treffe mich nur noch mit Menschen, die mir tatsächlich etwas bedeuten. Und ich lese nur die Bücher, die ich auch wirklich lesen will. Alles, was meinem Herzen wohltut. Ich verbringe Zeit mit Gott, aber nicht in Gottesdiensten, die mich ersticken, sondern draußen in seiner Schöpfung." Für meinen Freund bleibt nur noch Zeit für Herzensarbeit. Sein Herz muss er jeden Tag beruhigen, indem er sich selbst zuspricht, dass seine Zeit in Gottes Hand steht. Und dass dieser am Ende schon auf ihn wartet mit dem Geschenk der ewigen Zeit.

Diese Woche ist noch nicht vorbei und seltsamerweise sehne ich mich nicht nach dem Wochenende. Ich blicke in den Spiegel und sehe mein Gesicht, in das sich langsam die Spuren des Lebens hineingraben. Spuren, die ich nicht verwischen sollte, denn sie erzählen davon, dass ich das

Geschenk einer bereits langen Lebenszeit erhalten habe. Ich gehe hinaus in den Tag, in die geschenkte Zeit, und werde auch heute wieder einen engen Zaun um die Dringlichkeiten ziehen. Und die mir verbleibende Zeit wohlbedacht und bewusst gestalten.

Es ist mir immer ein Trost, dass

fast alle Geschichten mit Christus,

in die die Menschen
verwickelt werden,
an nüchternen
Werktagen passieren.

HELMUT THIELICKE

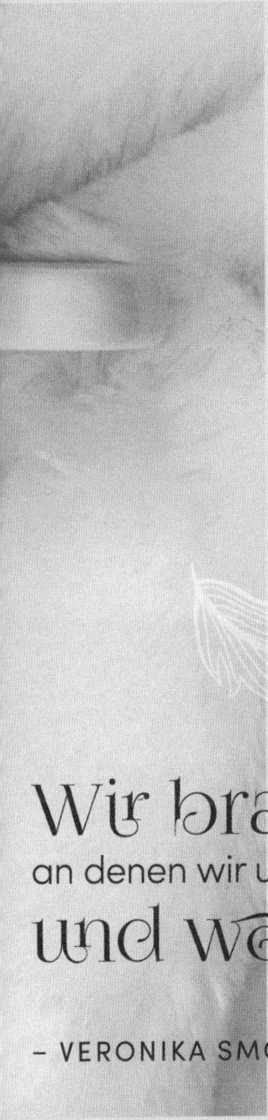

Wir brauchen Orte,
an denen wir uns fallen lassen dürfen
und weich landen.

– VERONIKA SMOOR

SANFTE *Töne*

Wie hast du heute deinen Tag begonnen?

Mit dieser Frage will ich dir keine Schuldgefühle suggerieren. Ganz ehrlich: Du musst nicht um 5 Uhr aus den Federn springen, ein strammes Sportprogramm ableisten und danach auch kein Dankbarkeitstagebuch führen und keine vom Heiligen Geist geküsste Stille Zeit abhalten, um ein guter Mensch zu sein. All diese Dinge sind ganz wunderbar, aber sie können von der Lust zur Last werden, wenn du sie aus einer getriebenen Pflichterfüllungshaltung und falscher Motivation tust. Erzwungene Pflichterfüllung im Glauben wird zur seelenentleerten Religion. Und eine fehlgerichtete Motivation könnte dazu führen, dass gute Gewohnheiten nicht dauerhaft bei dir leben wollen.

„Ja, aber was ist falsche Motivation?", fragst du dich. Dazu ein Beispiel: Vor sechs Jahren habe ich mir geschworen, einen anderen Körper zu bekommen. Ich wollte den Körper meines 20-jährigen Ichs zurück (und ignorierte mein fortgeschrittenes Alter von 42 Jahren). Ein für alle Mal sollte Schluss sein mit dem weichen Bäuchlein, das von Schwangerschaften und Erdnüssen zeugte. Ich absolvierte drei Monate lang jeden Morgen ein Sportprogramm. Eines, bei dem mich eine amerikanische Fitness-Trainerin auf meinem Display anschrie, ich solle meine Hintern hochkriegen. Und dass ohne „Pain!!!" kein „Gain!!!" käme. Ich weiß nicht, bei wem diese Art der Motivation funktioniert. Bei einer

42-Jährigen zumindest nicht mehr. Meine Motivation richtete sich gegen meinen Körper. Kein Wunder, dass er auf Dauer nicht mitmachen wollte. Würde ich auch nicht, wenn man mich so behandelte. Dieser harsche Ton am Morgen zog sich durch den Tag. Am Nachmittag raunzte ich meine Kinder an, sie sollen ihren Hintern hochkriegen und Vokabeln lernen. Denn ohne „Pain!!!“ käme schließlich kein „Gain!!!“. Du kannst dir vorstellen, wie hoch motiviert sie sich dann an ihre Schulbücher setzten.

Der Ton am Morgen entscheidet über die Melodie des Tages. Wenn ich mir selbst in der ersten halben Stunde des Tages sanft begegne, baue ich damit eine Plattform, auf der Freundlichkeit und Geduld mehr Platz finden als harsche Töne. Und deshalb brauche ich milde Klänge.

Mein Handy liegt nicht im Schlafzimmer. Ich liege noch eine Weile im Dunklen, strecke meine Beine, wackle mit den Zehen und meine Gedanken schnüffeln wie ein Hund beim Spazierengehen mal dahin, mal dorthin. Es ist eine feine Art aufzustehen. Meist wache ich automatisch eine Weile vor dem Rest der Familie auf. Ich ziehe mir eine dicke Strickjacke über. Wollige Umarmung! Die Katze begrüßt mich. Und ich begrüße den neuen Tag. Schaue aus dem Fenster. Und je nach Jahreszeit freue ich mich über glitzernden Raureif im Schein der Straßenlaterne oder über die Morgensonne oder feinen Nieselregen. Manchmal schreibe ich ein paar Zeilen. Oder lese ein wenig. Und natürlich kann ich meine Neugier nicht zähmen und schaue auf den sozialen Medien vorbei und stelle fest, dass der Zirkus immer noch nicht die Stadt verlassen hat. Ich sitze eine halbe Stunde auf dem Sofa. Sehe der Sonne beim Aufgehen zu. Und trinke eine Tasse richtig starken Kaffee. Ich weigere mich, den Morgen mit einer Routine zu zerhacken. Manchmal greife ich zur Bibel und lese einen Psalm und stemme mich gegen die Versuchung, zu viel hineinzuinterpretieren. In dieser Phase meines Lebens brauche ich Kaffee in der starken Dosierung und Bibelworte in der schwachen. Damit meine ich nicht, dass sie inhaltlich schwach sind, sondern dass ich sie ausgewählt lese. Und dann wie kostbare Zartbitterschokolade langsam im Mund zergehen lasse.

Das Kuriose an Zartbitterschokolade ist ja, dass man nicht viel davon essen kann. Sie macht einen schnell satt. Und so geht es mir mit Bibelworten. Zu viel, und sie verlieren für mich ihren Wert und übersättigen mich.

Es gibt aber auch die anderen Tage. Die, an denen ich fast verschlafe und mit klopfendem Herzen aufstehe und jetzt schon weiß, dass ich dem Tag heillos hinterherhinke, obwohl ich noch keinen Handgriff getan habe. Dann ist nichts mit sanftem Tagesbeginn, sondern das Leben fliegt mir um die Ohren. Verlorene Turnbeutel, ein krankes Kind, Abwaschstapel in der Küche, eine Liste mit To-dos, die ich in einer Woche nicht abarbeiten kann. Mütter und Väter dieser Welt brauchen kein Heavy Metal, sie leben Heavy Metal! Sind sind Heavy Metal! Und das legt den Grundton für den Rest des Tages.

Wie hast du heute deinen Tag begonnen?

Ich hoffe, du hattest etwas Zeit für dich. Für ein sanftes Hinübergleiten in den Tag. Und wenn es ein Heavy-Metal-Kickstart war, dann wünsche ich dir, dass du nun dein Herz etwas beruhigen kannst. Du kannst den sanften Tagesstart jederzeit nachholen, finde ich.

Vielleicht in der Mittagspause. Dann legst du dein Handy weg und setzt dich einige Minuten in die Frühlingssonne, schließt die Augen, lässt die Schultern – ja, genau diesen Körperteil, den du immer bis zu den Ohren hochziehst! – sacken.

Du kannst den Tagesstart auch am Nachmittag nachholen. Oder am frühen Abend. Es geht ja nur darum, innerlich und äußerlich zur Ruhe zu kommen. Das eigene Nervensystem herunterzufahren. Andocken an etwas, das heilig ist.

Ich kenne jemanden, der sich jeden Tag auf der Heimfahrt von der Arbeit kurz in eine leere Kirche setzt. Und eine Freundin schaltet zwei Stunden vor dem Schlafengehen alle Bildschirme aus.

Wir wollen alle ein sanfteres Leben und können trotzdem nur schwer die scharfen Kanten loslassen. Die, an denen wir uns aufreißen. Wir halten Glasscherben aus zu hohen Erwartungen in unseren Händen.

Und vielleicht ist jetzt gerade der richtige Zeitpunkt, an dem du die Hände öffnest. Nicht nur die Hände, sondern auch das Fenster, und die frische Luft strömt in dein Zimmer und trägt ein Versprechen von Neuanfang mit sich.

Lass die Schönheit
in dein Leben.
Sie ist der
Anfang
aller Hoffnung.

– VERONIKA SMOOR

Heiliger SCHLAF

Meine erste Amtshandlung des Tages besteht darin, die Kaffeemaschine für haargenau zwei Tassen zu befüllen, und während sie gurgelnd und fauchend dem Brühvorgang nachgeht, schaue ich aus dem Fenster, räume ein paar schmutzige Gläser vom Vortag in die Spülmaschine und wandere noch ein wenig durch die nächtlichen Traumlandschaften.

Die erste Tasse genieße ich in der Stille. Mein Morgenritual besteht daraus, beim Herumsitzen auf der Couch nicht gestört zu werden. Alle schlafen noch.

Die zweite Tasse trinke ich im Laufe des Vormittags. Beim Schreiben oder nachdem die ersten Aufgaben erledigt sind.

Danach ist für den Rest des Tages Schluss und ich steige um auf Mineralwasser und Kräutertee. Ich habe meinen exzessiven Kaffeekonsum in seine Grenzen gewiesen.

Keine Angst: Aus mir ist keine Gesundheitsapostelin geworden. Ich habe nur festgestellt, dass ich nachts besser schlafe, wenn ich mich nicht bis zum Hals mit Koffein vollpumpe. Es tut mir leid, als ich prahlte, dass ich nach drei Espressi ganz besonders gut schlafen könne! Das war eine dreiste Lüge.

Der Schlaf gewinnt mit fortschreitendem Alter an Priorität. Ich verteidige ihn wie einen wertvollen Schatz mit Klauen und Zähnen und ich opfere sogar Late-Night-Netflix-Sessions dafür. Wie ich mit Anfang zwanzig bis drei Uhr morgens in der Kneipe bedienen und vier Stunden später schon wieder dem Ausbilder zuhören konnte, ist mir heute schleierhaft. Die Babyjahre waren meinem Schlaf nicht zuträglich. Genauso wie die Angestelltenjahre, in denen ich oft an einer ausgewachsenen Insomnia litt, die mich an den Rand des Zusammenbruchs trieb.

Letztens las ich mehrere Studien über das Schlafverhalten der Deutschen (ich weiß, ich habe seltsame Interessen. Schlaf ist eine davon). Sie kommen alle zu ähnlichen Ergebnissen: Wir schlafen immer weniger. Eine DAK-Studie aus dem Jahr 2017 besagt, dass seit 2010 die Schlafstörungen bei Berufstätigen im Alter zwischen 35 und 65 Jahren um 66 Prozent angestiegen sind. Im Schnitt schlafen wir während der Arbeitswoche 5-6 Stunden die Nacht. Viel zu wenig. Und wir spüren es, nicht wahr? Wir schleppen ein kollektives Schlafdefizit mit uns herum, welches einen milliardenfachen Volkswirtschaftsschaden bedeutet. Von den körperlichen und seelischen Folgen für den und die Einzelne ganz zu schweigen.

Die Ursachen von Schlafstörungen sind vielschichtig, und wenn du selbst darunter leidest, dann kennst du deine Feinde: ob es der gnadenlos tickende Wecker auf dem Nachttisch ist oder zu viel LED-Licht am Abend oder Gedankenkreisen oder der Feierabendwein oder ein Nervensystem, das nicht zur Ruhe kommen will.

Übrigens sind Frauen von Schlafstörungen sehr viel häufiger betroffen als Männer. Was wohl mit am Mental Load liegen dürfte, der an uns haftet wie schwarze Katzenhaare auf einer weißen Bluse.

Aber zurück zum Kaffee. Unsere Kultur ist besessen davon. Einerseits, weil er einfach verdammt gut schmeckt. Andererseits, weil er ein Synonym für gesteigerte Leistungsfähigkeit ist. Kaffee ist vom Genussmittel zum Wachmacher mutiert, zum Aufputschmittel, das uns eine Brücke über die vielen Stunden im Büro, vor dem Laptop, im OP, hinter dem Lenkrad, am Fließband, im Hörsaal baut. Am Ende der Brücke wartet unser Bett, in dem wir uns schlaflos hin und her wälzen, weil wir innerlich und äußerlich nicht zur Ruhe kommen können.

„Schlafen kann ich, wenn ich tot bin!“ Mit diesem Leitspruch ignorierte ich die Bedürfnisse meines vernachlässigten Körpers. Und hängte noch eine Nachtschicht in der Kneipe dran. Oder stand zu früh auf, um noch mehr Punkte auf meiner To-do-Liste abzuarbeiten und meinem müden Körper ein strammes Sportprogramm abzuverlangen.

Dass ich an Schlafmangel nicht starb, habe ich wohl Melitta und Tchibo zu verdanken.

Kaffee ist für mich heute als Wachmacher passé, weil er für eine Kultur des Überarbeitens, des Überfunktionierens und der Rücksichtslosigkeit gegen die eigenen körperlichen Bedürfnisse steht.

Manche Firmen denken bereits um und bieten flexiblere Arbeitszeitmodelle oder sogar einen Ruheraum für Nickerchen an. Das sollte wie Kaffeemaschine und Kopiergerät zum Standard für Arbeitnehmer gehören, finde ich. Wir würden alle bessere Menschen werden, wenn wir weniger Kaffee tränken und mehr schliefen.

Scheinbar kannten schon die Menschen in der Antike die Kultur des Überarbeitens. Denn heute Morgen, beim Genuss meiner ersten Tasse Kaffee, las ich folgenden Vers in Psalm 127,2:

„Umsonst ist es, dass ihr früh aufsteht und euch erst spät wieder hinsetzt und so das Brot harter Arbeit esst, denn er gönnt seinen Freunden den Schlaf!"

Manche stehen extrafrüh auf, um besonders produktiv zu sein (wie gesagt, ich spreche aus eigener, leidvoller Erfahrung). Sie versagen sich jeglichen Genuss, jede Sehnsucht nach einem Nickerchen und gönnen sich erst Ruhe, wenn sie den Eindruck gewinnen, genug gegeben zu haben. Dieser stellt sich jedoch nur selten ein, denn diese Menschen leiden unter dem Gefühl des Getriebenseins, des Nicht-genug-Seins, des Nicht-genug-geleistet-Habens. Sie leiden unter Angst und Sorge, es könne nicht reichen. Kommen diese Menschen tatsächlich weiter als diejenigen, die den Tag ruhig angehen lassen und um fünf Uhr Feierabend machen und nach 20 Uhr keine E-Mails mehr beantworten? Spüren sie ein tiefes, ruhiges Lebensglück und Geborgenheit? Wird ihre Sehnsucht durch eine perfekte Morgenroutine und die Extrameile am Abend und ein besonders sauberes Haus und die Granitarbeitsplatte gestillt?

Gott setzt unserer Vorstellung von Produktivität und Leistung eine Alternative entgegen: Schlaf. Er ist heilig. Er ist zentral. Du darfst dir ausreichend Schlaf erlauben. Er ist nicht Faulheit oder gefährliche Sorglosigkeit. Sondern er steht immer am Anfang. So wie Gott uns den Ruhetag nicht am Ende der Woche, sondern am Anfang schenkt. Der Sonntag ist der erste Tag der Woche. Der Schlaf ist der Beginn deines Tages. Die Ruhe kommt vor den Stürmen des Alltags.

Ich möchte den Glaubenssätzen und Versprechungen und Anforderungen einer Burn-out-Kultur nicht mehr folgen. Eine Burn-out-Kultur, die auch in vielen Gemeinden gegenwärtig ist (Pastorinnen und Pastoren gehören zur Risikogruppe für Burn-out). Stattdessen will ich einem Leben auf die Spur kommen, das reich ist an Begegnungen, an Neugierde, an Trost, an Einfachheit, an Sommerabenden unter dem Sternenhimmel, an einfachem und gutem Essen, an Geschichten, an Überraschungen, an Büchern und Kreativität, an Herausforderungen und Heilungen, an Nickerchen und richtig gutem Kaffee am Morgen.

In letzter Zeit erlebe ich manchmal eine innere Glaubensruhe. Ich bin überrascht, dass ich damit gesegnet bin, obwohl ich nur selten geistliche Disziplinen ausübe und wahrscheinlich keine besonders fromme Christin bin. Es ist dieses Gefühl des Getragenseins, unberührt von äußeren Stürmen, das mir sanften Schlummer in der Nacht schenkt. Es macht keinen Unterschied, ob ich besonders produktiv war oder nur ein Minimum an diesem

Tag geleistet habe. Ich strampele mich nicht mehr ab und freue mich einfach nur darüber, dass Gott mich eine Freundin nennt, der er die überfüllte To-do-Liste aus der Hand nimmt und dafür süßen Schlummer schenkt.

Man kann Gott
nicht allein mit Arbeit dienen,
sondern auch
mit Feiern
und Ruhen.

MARTIN LUTHER

Gott zeigt sich

immer dann, wenn ich
aufhöre zu strampeln,
zu schaffen, zu hetzen.
Wenn ich in die

Stille eintauche.

– VERONIKA SMOOR

DAS KÄMMERCHEN

tief in mir

So kann es gehen, dachte ich mir nach dem letzten Wochenende. Da denkst du, du schwimmst oben, hast das Leben endlich im Griff, und dann gehst du unter wie ein Stein.

Das hört sich sehr viel dramatischer an, als es in Wirklichkeit ist. Das Drama spielt sich bei mir unter der Oberfläche ab, dort ganz tief drinnen in einer kleinen Kammer, dessen Schlüssel ich oft verbummele. Was genau sich darin abspielt, das weiß ich oft gar nicht so genau, weil es nämlich Mühe macht, nach dem Schlüssel zu suchen, den weiten Weg zu dem Kämmerchen zu gehen und dann auch noch nachzusehen, was dort drin denn eigentlich los ist.

Das Leben hat es im letzten Jahr ganz wunderbar mit mir gemeint. Ich hatte tatsächlich wieder Lust auf andere Menschen. Es war eine Zeit, in der mich das Zusammensein mit ihnen nicht sofort erschöpfte. Ich war leistungsfähiger als die ganzen zehn Jahre zuvor, fand Vergnügen an lauter Musik und Tanzen.

Der hochsensible Anteil in mir, dort unten im kleinen Kämmerchen, schwieg. Manchmal musste ich mich kneifen. Wirklich? Ich, die ich normalerweise keinerlei Musik im Auto ertrage, drehe Guns n'Roses bis zum Anschlag auf und gröle etwas von grünem Gras und Paradiesstädten? Ich, die ich Kraft aus dem Alleinsein und der Ruhe schöpfe, bade genüsslich in Gemeinschaft mit anderen?

Das letzte Wochenende verbrachte ich mit einer Gruppe wunderbarer, starker, inspirierender Frauen. Ich hatte mich zu einem Vernetzungs-Wochenende angemeldet, denn ich war ja im Höhenflug. Ich liebte wieder Gemeinschaft! Mehr, ich will mehr von diesem lauten, vollen, guten Leben!

Schon auf der Hinfahrt spürte ich ein inneres Stottern, eine leise Weinerlichkeit, das Klappern des Schlüssels zum Kämmerchen. Nein, das darf nicht wahr sein! Ich drängte das Gefühl zur Seite. Aber mit jeder Stunde wuchs dieses Unwohlsein. Was mich die letzten Monate belebt hatte – lautes Lachen, Geselligkeit, neue Eindrücke, fühlte sich mit einem Mal bedrohlich an. Ich spürte, ich musste mal wieder hinunter in die Kammer steigen. Einen Check mit mir selbst durchführen.

Und was entdeckte ich dort unten? Mein hochsensibler Anteil hat sich nach langer Ruhephase zurückgemeldet. Ich wollte ihn zurück ins Kämmerchen stopfen, abschließen, den Schlüssel wegwerfen. Denn ich heiße meine feinen Antennen und ihre Signale immer noch nicht willkommen.

Anstatt mich an diesem Wochenende zu vernetzen, ging ich spazieren. Kapselte mich ab.

So gerne hätte ich laut und lustig Geselligkeit gefeiert wie die anderen Frauen. Ich wusste, ich verpasse etwas.

Kannst du dich nicht EINMAL zusammenreißen?, hackte ich auf mir herum, während ich um einen See in Mecklenburg-Vorpommern schlurfte. Und dann gab es diesen Moment, in dem die Wahrheit so klar hervortrat wie eine Septemberlandschaft an einem kühlen Morgen. Warum rechnest du dir deinen hochsensiblen Anteil als Schwäche an, wenn er gar keine ist?

Gott hat mich mit dieser Wesensart geschaffen, mir einen wertvollen Schlüssel in die Hand gedrückt: Den wirst du brauchen fürs Leben, denn deine Seele, sie will blühen, aber du musst besonders gut auf sie achten. Der Schlüssel schließt dir einen Rückzugsort tief in dir auf.

Meine vermeintliche Schwäche, die ich wegschließen will– sie ist meine Stärke. Nein, sie kommt nicht laut und bunt und auffällig daher. Sondern in Form von Alleinsein, Lesen, Kunstbetrachten, Sich-in-der-Natur-Verlieren. Sie ist mein Nährboden, aus dem alles wächst.

Manchmal schweigt mein hochsensibler Anteil. Das ist der Zeitpunkt zum Herauskommen, Blühen und Tanzen. Meldet er sich zu Wort, wird es Zeit für den Rückzug, Zeit dafür, die Blätter abzuwerfen, mich in meine innere Kammer zu begeben und meine Seele zu nähren.

Ich habe an dem Wochenende anders aufgetankt als erwartet. Mit Bibeltexten und einsamen Seespaziergängen. Mit Büchern und Tee und Rückzug. Das laute Lachen kommt auch wieder. Aber erst mal darf der Herbst Einzug halten.

Ihr findet mich in meinem gemütlichen Kämmerchen, ich habe nicht abgeschlossen, aber der Weg zu mir ist ein bisschen mühsamer als sonst. Du bist trotzdem herzlich willkommen. Bring Kuchen mit.

Ich mache
immer wieder

die Erfahrung,

dass alles,
was wirklich Bestand hat,
was mir wertvoll ist,
äußerst langsam wächst.

– VERONIKA SMOOR

Lebenslöcher

UND MONSTER

Irgendetwas ist mit mir im letzten Jahr passiert. Das Monster in mir ist zu einem Monsterchen geschrumpft.

Du weißt schon, dieses gefräßige Monster, das uns dumme Sachen machen lässt, wie z. B. stundenlang aufs Handy zu starren in Erwartung eines Herzchens oder um elf Uhr nachts eine XL-Packung Eiscreme zu essen oder nach dem ersten Glas Wein noch eines und noch eines zu trinken. Jeder hat seine ganz eigenen Bewältigungsstrategien, um nicht ständig die Lückenhaftigkeit des Lebens spüren zu müssen. Wir stopfen das Loch unser Leben lang und möchten die Augen vor der Wahrheit verschließen: dass alles, was wir oben reinstopfen, unten sofort wieder herausfällt. Das Loch hat nämlich keinen Boden.

Mit meiner Ankunft in der Lebensmitte haben sich die festgefahrenen Erdplatten im Inneren verschoben. Dabei schlossen sich wohl einige der Löcher. Einfach so. Mit dieser Verschiebung können Erdbeben einhergehen. Weil man plötzlich den Drang hat, schädliche Lebensmuster und Familiendynamiken und Glaubenstraditionen zu hinterfragen. Dann beginnt man Grenzen zu ziehen und stößt damit andere vor den Kopf. Man hinterfragt verinnerlichte Narrative. Man spricht unbequeme Wahrheiten aus und das wirkt sich auf die Beziehungen innerhalb der Familie aus.

Die Autorin Cheryl Bridges Johns nennt diese Lebensphase unter anderem „das Geschenk der Wut, des authentischen Selbst und der spirituellen Freiheit“.

Und ich füge hinzu: Das ist die Lebensphase, in der man beginnt, mit Lebenslücken und Löchern und Gefühlen in ihrer ganzen Bandbreite Frieden zu schließen. Man ist bereits in so vielen Sackgassen gelandet und hat erlebt, dass sich einige Dinge nicht auflösen lassen. Egal, wie viel man betet oder sich abstrampelt.

Ich bin in den letzten Monaten mit vielen Gefühlen konfrontiert worden. Mit Dingen, die nicht so liefen, wie ich mir das vorgestellt hatte. Und es war wie ein kleines Wunder, dass ich nicht zu den bewährten Mitteln griff, um die Gefühle nicht fühlen zu müssen. Oder die Löcher zu stopfen. Ich ließ sie zu: die Sprünge in meinem Herzen. Die Unsicherheit. Die Löcher. Die Angst. Alles, wovon ich dachte, ich würde daran mit Sicherheit sterben. Aber das tat ich natürlich nicht, sondern ich schrieb mir alles von der Seele und ging früh zu Bett und lief stundenlang durch Wälder und las Bücher und strickte Pullover und spielte Klavier. Ich saß stumm vor Gott und redete mit meinen Lieben.

Unsere Kultur redet uns ein, dass es für jeden Kummer und jedes Problem eine Sofortlösung gibt. Und das suggeriert uns, dass Probleme und Nöte nicht mehr sind als ein unbequemer Stau auf der Lebensautobahn, den wir mit der neuesten Navigationstechnologie schlau umfahren können.

Nun erkenne ich langsam, dass wir manchmal in Zwischenräumen angelangen – oder Staus, die wir nicht einfach so schnell verlassen und auflösen können. Nicht hinüberschreiten können in den nächsten Lebensraum. Und wir können sie auch nicht wegdrücken mit Betäubungsmitteln und Verleugnung.

Vielmehr sind sie eine leise Einladung, diese Räume zu gestalten. Noch einen Extrastuhl aufzustellen, damit sich Gott zu uns setzen kann. Es ist kein Aufgeben, sondern ein Friedensschluss mit dem Leben und seinen Bocksprüngen. Vielleicht fällt dies leichter, wenn man älter ist. Denn es ist ja auch das Recht der Jüngeren, im Leben vorwärtszukommen, sich ein Leben zu bauen, in dem man gerne wohnt, in dem man sich ausprobiert und Freiheiten genießen kann und herausfindet, wer man ist.

Und so gestalte ich meine eigenen Lebenszwischenräume. Ich lasse die Weinflaschen und die Eiscreme im Keller und finde Gefallen daran, das Leben zu spüren. Die Müdigkeit zu fühlen und die Traurigkeit. Die Einsamkeit und die Ratlosigkeit. Diese Erlaubnis beinhaltet aber auch, dass ich die Freude viel mehr fühle und Dankbarkeit – oh, so viel Dankbarkeit – und Vertrauen und Zufriedenheit.

Es gibt eine Redewendung, die besagt, dass jeder von uns ein Loch im Herzen hat, das nur Gott ausfüllen kann. Ich stehe dem skeptisch gegenüber, denn ich habe Gott lange gebeten, das Loch zu füllen. Aber entweder habe ich falsch gebetet oder er hat mich nicht gehört.

Was ich stattdessen glaube: Wenn wir in einer gesunden Beziehung mit uns selbst und Gott leben, dann respektieren wir uns selbst so sehr, dass wir die Löcher nicht mit ungesunden Dingen füllen müssen, sondern in sie hinabsteigen und uns dort eine Weile hinsetzen und erfahren, dass sie uns nicht umbringen. Dann kommen wir wieder hinauf und lachen ein bisschen über uns selbst und schließen Frieden damit, dass unser Lebensweg gepflastert ist mit Löchern und Hindernissen und Windungen und Zwischenräumen und dass trotzdem ein guter Weg hindurchführt. Dass diese Wege und Räume gestaltet werden können.

Man könnte meinen, Gott wohnt nicht in den Löchern und Zwischenräumen und Gruften unserer Nöte. Aber nichts könnte weiter von der Wahrheit entfernt liegen. Gottes Geist ist die ganze Zeit am Werk: Er trauert mit uns über Zerbrüche und tröstet uns in den Zwischenräumen und arbeitet unermüdlich, eine von Schuld und Leid gezeichnete Schöpfung umzuwandeln. Er stellt Gerechtigkeit und Heilung her. Manchmal zeichnet sich das in großen Schwüngen ab, manchmal in kaum merklichen Minischritten. Gott atmet Liebe und Mitgefühl und Transformation.

Aber es ist ein Naturgesetz – egal, mit welcher Art von Forschung man sich auseinandersetzt, dass Wachstum auch immer ein Sterben beinhaltet. Alles tote Material, das ich im Herbst auf den Kompost werfe, hat sich bis zum Frühjahr in fruchtbare Erde verwandelt.

Ein reifer Mensch entsteht nicht dadurch, dass er allen

Löchern und Umwegen ausweicht. Wer das tut, wird ein starrer, religiöser Pharisäer. Nur wer durch die Tiefen hindurchgeht oder hindurchgeschleift wird, sodass Hände und Knie und Herz aufschürfen, wird daran reifen können. Und ein sehr viel milderes Herz bekommen.

Deshalb spricht Jesus auch vom Weizenkorn, das erst in die Erde fällt und stirbt, bevor es neues Leben hervorbringt. Es ist nicht nur ein biologisches Gesetz, sondern auch ein zutiefst spirituelles. Wir müssen in unsere Löcher fallen, in Zwischenräumen gefangen sein, um mit neuem Leben gefüllt zu werden.

Wenn du also irgendwann demnächst mit deinen eigenen Monstern konfrontiert sein solltest, dann weiche ihnen nicht aus. Bekämpfe sie auch nicht. Schaue sie neugierig an und gib ihnen ihren Platz. Ganz hinten in der Ecke. Dort dürfen sie sich eine Weile aufhalten. Irgendwann werden sie sich fürchterlich langweilen. Sie merken, dass sie dich nicht mehr provozieren können, dass du keinen verrückten Tanz aufführst. Sie können sich nicht mehr in deiner Aufmerksamkeit suhlen und sich an ihr fett und groß fressen. Und dann stellst du eines Tages überrascht fest, dass sie still durch die Hintertür verschwunden sind.

Allein
IN DEN DÜNEN

Allein in den Dünen.
Wolken spielen Fangen.
Die Schöpfung lacht und ich auch.
Nur ich und mein Atem.

Und der Strandhafer tanzt
zu einer stummen Melodie.

*Es ist eine Zeit für Tee
und Bücher
und warme Schals.*

Denn der Wind bläst kalt.
Mir Sand ins Gesicht.
So ist es wohl, denke ich.

Die Welt gehört noch immer sich.
Und nicht mir.

Ich schmiege mich in ihren Rhythmus.
Und fliehe wie ein Kind ins Warme,
wenn mir der Gegenwind
Tränen in die Augen treibt.

Ordnen
AUF SCHWEDISCH

Es ist der vorletzte Tag des Jahres. Ich stehe im Arbeitszimmer zwischen Müllbergen. Eigentlich findest du mich in der Zeit zwischen Weihnachten und Silvester auf der Couch, vergraben unter Büchern, Strickzeug und Schokolade. Aber ich spürte ein dringendes Bedürfnis, wie einen inneren Juckreiz, den ich nicht mit Behaglichkeit stillen konnte. Inmitten der Zeit des Überflusses brauchte ich Luft. Ich musste mich befreien. Ballast loswerden. Inneren und äußeren. Bei mir führt der Weg zum Inneren immer über das Äußere.

Wenn ich im echten Leben Dinge loswerde und ordne, dann überträgt sich das auch auf meine chaotische Seelen- und Herzenswelt.

Zunächst war der zweitürige Schrank in meinem Arbeitszimmer dran. Ein wunderschönes Monstrum, das unsere Umzugshelfer verfluchten und das an unseren Türrahmen Autogramme hinterließ. Wir alle haben diese Art Schrank: du weißt schon, der, in den wir wahllos alles hineinstopfen, von dem wir nicht wissen, wohin damit. Wenn du vor einem unüberwindbaren Berg stehst, rate ich dir, erst mal einen Schritt zurückzutreten, Kaffee zu trinken, vielleicht noch ein Schläfchen einzulegen, um dann mit frischer Entschlossenheit dem Monstrum entgegenzutreten.

Nach entsprechender Koffein-Zufuhr öffnete ich die Schranktüren: Aktenordner, eine versprengte Armee Versandpolstertaschen, acht angefangene Notizbücher, Wollknäuel, Stricknadeln, ein Diaprojektor, Weihnachtspapier,

Filz, Linoldruckplatten, Muscheln, Acrylfarben, Pinsel, Zeitschriften und mehr Nähstoff, als ich je in meinem Leben verbrauchen werde.

Ich neige zum Horten. Wenn du mir eine Tüte mit Stoffresten überreichst, dann nehme ich sie gerne entgegen für all die Patchworkprojekte, die ich nie umsetzen werde.

Um mich zu motivieren, habe ich mir ein paar Aufräum-Videos auf YouTube angesehen. Dabei stieß ich auf eine interessante schwedische Aufräum-Methode: Swedish Death Cleaning. Oder anders gesagt: die letzten Dinge des Lebens ordnen.

Dahinter steckt die schwedische Tradition, Ordnung zu schaffen, um der nachkommenden Generation ein langwieriges und schmerzhaftes Auflösen des Haushalts zu ersparen. In Schweden macht man das bereits in der Lebensmitte. Was morbide klingt und mich an das unbarmherzige Fortschreiten des Lebens erinnert, ist letzten Endes eine pragmatische Entscheidungshilfe. Wenn ich morgen sterben würde, könnten meine Hinterbliebenen etwas mit den fünf Knäuel pinker Polyesterwolle, die ich einst günstig im Secondhandladen erwarb, anfangen? Nein. Es sei denn, meinen Mann überfiele der brennende Wunsch nach einer schief gestrickten grellrosa Polyestermütze.

Ich trete in eine andere Lebensphase ein. Ich spüre es mit jeder Faser meines Daseins. Noch vor einem Jahr hätte ich mich von meinem Kreativ-Chaos nicht trennen können, denn immer wieder verlangten die Kinder nach greller Wolle, um daraus Pompons zu basteln. Aus Filz wurden Satteldecken für Schleichpferde gebastelt und aus Stoffresten patchworkte ich bunte Kinder-Oberteile.

Heute hängen die Mädchen lieber mit Freundinnen ab, hören Musik und malen verschnörkelte Muster auf ihre Fenster.

Beherzt miste ich aus. Trenne mich. Trenne mich von einem Stück meiner Person, die ich in den letzten Jahren war: Kindermutter. Over-Achiever. Hortende. Bewahrende. Ich akzeptiere damit, dass ich nicht in jeder Lebensphase die Gleiche bleiben muss. Ich habe heute viel weniger Zeit zum Nähen und Stricken und meistens auch weniger Lust. Deshalb machen mir die Stoff- und Wollberge ein schlechtes Gewissen. Immer sitzen sie mir im Nacken und flüstern mir zu: „Eigentlich müsstest du ..."

Von diesem „Eigentlich müsstest du" trenne ich mich. In den Schrank kommt Luft. In mein Leben auch. Erleichterung. Freiheit.

Aus dem „Du musst" wird wieder ein „Du darfst".

Der Stoff, den ich behalte, liegt ordentlich gefaltet und nach Farben sortiert im Schrank. Ich habe zwei Drittel weggegeben. Die grelle Wolle wird jemand anderen beglücken. Ich habe jetzt nur noch wenige Knäuel, in Farben, die ich auch wirklich mag. Die Stricknadeln habe ich der Größe nach sortiert und beschriftet.

Und jetzt kommen wir zum Heiligen Gral meiner neuen

schwedischen Aufräum-Methode: den Notizbüchern. Ich mag neue Notizbücher. Ich fange sie immer an. Und dann schenkt mir jemand ein neues und ich fange auch dieses an. Dann verliere ich den Überblick und beim Anblick der vielen Notizbücher nagt das schlechte Gewissen an mir. Ich blättere sie noch mal durch. Lächle wehmütig. Und dann werfe ich sie in den Altpapiercontainer. Ich werde nachts aus dem Schlaf aufschrecken und überlegen, ob ich sie wieder herausholen soll.

Ab jetzt besitze und nutze ich nur noch ein Notizbuch. Und ich erteile mir die Erlaubnis, auch dieses irgendwann zu entsorgen, wenn es mir nicht mehr nützt.

Mein vergangenes Lebensjahrzehnt war eine einzige Wachstumsphase. Ich habe zwei Kinder großgezogen. Dinge angeschafft. Neue Leidenschaften entdeckt. Mich entfaltet. Wir sind in ein Haus gezogen. Ich habe einen großen Garten angelegt. Hunderte Bücher gelesen und viele schiefe Mützen gestrickt.

Aber in dieser neuen Lebensphase wünsche ich mir, dass mein Besitz in zehn Umzugskartons passt.

Die Kernidee der schwedischen Aufräummethode heißt: Nach dem Tod kannst du nichts mitnehmen. Das erinnert mich an die Worte Jesu:

„Es lebte einmal ein wohlhabender Mann. Es geschah, dass seine Ernte besonders ertragreich war. Da überlegte er sich: ‚Was soll ich jetzt tun? Denn meine Lagermöglichkeiten reichen längst nicht mehr dazu aus, meinen Ernteertrag aufzunehmen!' Dann sagte er: ‚Ich will Folgendes tun: Ich reiße meine Scheunen nieder und baue größere und bessere. Dann kann ich dort mein ganzes Getreide und alle meine anderen Vorräte aufbewahren! Danach kann ich zu mir selbst sagen: Mensch, du hast jetzt mit all deinen gelagerten Gütern für viele Jahre vorgesorgt! Jetzt kannst du dich entspannen, so richtig feiern mit Essen und Trinken, und es dir gut gehen lassen! 'Doch Gott sagte zu ihm: ‚Du dummer Mensch! Noch in dieser Nacht wird dein Leben von dir zurückgefordert werden. Und wem wird dann all das gehören, was du so sorgfältig angesammelt hast?' So wird es jedem ergehen, der Reichtümer für sich selbst ansammelt, aber keinen Reichtum entwickelt in der Beziehung zu Gott!“ (Lukas 12,16-21).

Besitz an sich ist nicht das Problem, sondern die Angst, dass das, was ich besitze, nicht reichen könnte. Und das Verschieben des guten Lebens auf später. Wir mästen Speckgürtel um unser Leben, um wirklich ganz, ganz sicherzugehen. Aber manchmal beschleicht mich das Gefühl, dass dieser Speckgürtel uns weniger beweglich macht. Und die Empfänglichkeit für das Leben, für Gott, dämpft.

In Wirklichkeit brauche ich gesunden Abstand vom Zuviel. Weil es mich vom Reichtum Gottes fernhält. Es hält mich fern von Großzügigkeit, Mitgefühl, Gnade, Freundlichkeit, Liebe, Gemeinschaft, Zeit.

Ich ordne die Dinge in meinem Leben – meine Schrankmonster, meine Notizbücher, meinen Besitz, meinen Terminkalender, meine Beziehung zu Menschen und zu meinem Körper – sodass Raum wird für den Reichtum Gottes. Es wird mir im neuen Jahr nicht immer gelingen. Gott bewahre, ich mache aus dem Ordnen keine Moral. Aber das Einüben hat den wunderbaren Effekt, dass es mit den Jahren mehr und mehr zur Gewohnheit wird. Gewohnheit mit immer kleiner werdenden Rückschlägen.

Ich möchte mein Leben am liebsten so sehr verkleinern, dass ich es an einen Wanderstock hängen kann und diesen jederzeit mühelos zur Hand nehme, wenn es Zeit zum Aufbruch ist. Bis es so weit ist, wird es noch einige Jahre dauern, aber ich fange heute schon an.

Die Freude ist

das Echo Gottes

in uns.

JOSEPH MARMION

J. K. HUYSMANS
ALLA LEJOS
NOVELA

Mein Gott
hat sich etwas dabei gedacht,
als er mit dem Leben auch
einen Lebensrhythmus schuf.

Damit wir uns jenseits aller Veränderungen trotzdem gehalten wissen.

VERONIKA SMOOR

Trag ein

UNTERHEMD!

Ich habe mir letzten Monat ein Unterhemd gekauft. „Na und?“, fragst du dich und wunderst dich, warum ich dies hier verkünde.

In meinem persönlichen Universum bedeutet der Erwerb eines Unterhemds eine Verschiebung im Raum-Zeit-Kontinuum. Zum letzten Mal trug ich ein Unterhemd mit 11 Jahren. Es handelte sich um ein ausgeleiertes Modell in Feinripp.

Lieber mutete ich meinen Nieren Erfrierungsschäden zu, als noch einmal von Mitschülerinnen in der Umkleidekabine ausgelacht zu werden. Das Ablegen von Unterhemden (und Wollstrumpfhosen) ist wohl ein Teil des Übergangsritus von Kindheit zur Jugend. In meinem Fall trug die Bauchfrei-Mode der 90er-Jahre eine Mitschuld an meiner tiefen, tiefen Ablehnung gegenüber Unterhemden. Sie waren in meinen Augen das Epitom piefiger Spießbürgerlichkeit.

Bis ich letzten Monat einknickte. Es war frostig. Die Kälte strahlte durchs ungedämmte Mauerwerk. Der Ofen glühte gegen mein Frieren an, aber die Kälte kroch durch die Fasern meines Pullis und nistete sich dort ein. Widerwillig zog ich mir ein Unterhemd an. Prompt fragte ich mich, warum ich mich so lange geweigert hatte.

Ich habe eine Freundin, der im Februar nicht mehr warm wurde. Kurz entschlossen flog sie in ihre Zweitheimat Costa Rica, wo sie sich zehn Tage lang aufwärmte. Vielleicht hätte ein Unterhemd das Problem billiger gelöst.

Ich glaube, der Mensch neigt dazu, vernünftige Ratschläge zu ignorieren. Wir frieren lieber, anstatt zu warmer Merinowäsche zu greifen. Wir überarbeiten uns, schlafen zu wenig, essen zu ungesund. Und verschieben den Schlaf, die Pausen, das nahrhafte Essen auf später. Wir wissen es besser, können aber oft nicht danach handeln.

Eine ältere, erfahrene Frau riet mir vor einigen Jahren: Mach langsam. Zwei einfache Worte, die ich im Lärm meines Alltags verdrängte. Denn ich musste kleine Kinder versorgen. Nebenbei einen perfekten Haushalt führen. Ein Business aufbauen. Ein Buch schreiben. Einen Garten anlegen. Sport machen.

Bis tief in die Nacht saß ich am Schreibtisch, bearbeitete Fotoaufträge und schrieb Zeitschriftenartikel. Ich stand vor dem Sonnenaufgang auf, um Hanteln zu stemmen und schon mal die Welt zu retten, bevor die Kinder zum Frühstück erschienen.

Meine Erschöpfung ließ ich nicht zu. Ich trieb mich noch ein wenig mehr an. Und wiederholte diesen Glaubenssatz wie ein Mantra: Reiß dich zusammen, dann schaffst du das.

Wie damals mit 21, als ich bauchfrei mit leidenden Nieren durch die Januarkälte stiefelte und mir einredete, dass mir das nichts ausmacht. „Reiß dich zusammen. Immer sexy aussehen! Im Zweifelsfall auch als Frostleiche."

Der Unterhemdenkauf war ein Akt der Rebellion: Ich möchte mich nicht mehr zusammenreißen, meine Güte! Ich friere!

Denn wenn ich mich zusammenreiße, verliere ich das Gefühl dafür, was mir guttut und was mir schadet. Und das Herz, das wird ganz eng dabei.

Meine unguten Glaubenssätze habe ich in den letzten Jahren aus meinem Leben entfernt, so wie man nach einem Spaziergang durch die Wildnis Kletten aus seiner Hose zupft. Es braucht seine Zeit, bis man die widerspenstigen Kletten aus dem Stoff gezerrt hat. Am nächsten Tag findet man noch zwei oder drei an versteckten Stellen und rückt ihnen zu Leibe.

So ist es auch mit schädlichen Glaubenssätzen. Ihnen kann man nur mit Entschlossenheit und einer neuen Wahrheit zu Leibe rücken. Und manchmal schleichen sie sich heimlich zurück an schwer zugängliche Stellen im Herzen.

Die ältere, erfahrene Frau hatte recht. Mach langsam. In die engste Phase deines Lebens musst du nicht noch mehr hineinpressen und dich dabei zusammenreißen. Es liegt wohl auch in der Natur des Menschen, den Wahrheitsgehalt eines Ratschlags und die Giftigkeit eines falschen Glaubenssatzes erst nach Rückschlägen zu erkennen.

Mach langsam. Das will ich dir als ältere, erfahrene Frau heute raten. Denn eines Tages wirst du zurückblicken auf einen Lebensabschnitt und dich fragen, warum du dir unnötigen Stress angetan hast. Warum du dich für einen Chef abgerackert hast, der deinen Einsatz nicht zu würdigen wusste. Warum du keine Zeit für deine Eltern hattest, obwohl sie dir das Wichtigste in deinem Leben waren. Warum du versucht hast, die perfekte moderne Mutter zu sein, aber eigentlich nur das eine wolltest: Zeit mit deinen Kindern. Warum du die Auszeit nicht genommen hast, obwohl du sie dir hättest leisten können. Warum du einem Mann oder einer Frau hinterherjagtest, anstatt zu lernen, mit dir selbst glücklich zu werden.

Aber vielleicht müssen wir uns erst ein paar Mal verlaufen, ohne Unterhemd und mit zu vielen Punkten auf unseren To-do-Listen und den Kletten an den Hosenbeinen, um am Ende nach Hause zu kommen. Und den Generationen nach uns zu predigen: Mach langsam. Du musst nicht alles schaffen. Du musst dich nicht zusammenreißen.

Und trag ein Unterhemd.

Das Gute liegt meist so nah, dass man es gar nicht bemerkt.

– EDITH SITWELL

Zwischen DEN JAHREN

In den letzten Jahren hat sich meine innere Lebenslandschaft verändert. Sie ist etwas weiter geworden. Tiefere Täler haben sich eingegraben. Und einige Berge sind abgeflacht.

Ich konnte dieses Geschehen nicht einordnen, bis ich ein Buch des Franziskanerpaters Richard Rohr las. Grundsätzlich bemerkt: Ich lese viel. Aber um Richard Rohr hatte ich bisher einen Bogen gemacht. Irgendwer sagte mir einmal, er schreibe kompliziert. Aber nun habe ich sein Buch „Reifes Leben" gelesen und bin verliebt. Er schreibt dicht. Fast jede Zeile eine kleine Perle. Ich hätte am liebsten jeden Satz im Buch unterstrichen. Und nach jedem Absatz legte ich das Buch zur Seite, atmete tief durch und ließ die Worte und Gedanken und Wahrheiten durch meine veränderte Landschaft sickern. Das Buch war wie ein Wanderführer durch meine neue Landschaft.

Richard Rohr schreibt in diesem Buch über die Spiritualität der ersten und zweiten Lebenshälfte. Alles, was er über die zweiten Lebenshälfte schreibt, trifft auf mich zu. Obwohl ich Gen X bin. Und kein Boomer.

Nicht nur körperlich bin ich verfrüht in die Wechseljahre gekommen, sondern auch seelisch und geistlich habe ich einige Zeit in diesem Niemandsland zwischen der ersten und zweiten Lebenshälfte verbracht. Ich spürte es bis ins Innerste. Zunächst verlor ich den Anschluss an Mode- und Musiktrends. Sie reizten mich nicht mehr. Dann ging mir das Interesse an Selbstoptimierungsprogrammen verloren sowie auch das dualistische Denken. Mein Perfektionismus und die Spitzen meiner Impulsivität hatten sich abgenutzt und das, was mich früher in Rage brachte, ließ mich milde lächeln. Oder wie Rohr es im Buch ausdrückt: Man hat keine Lust mehr, Drama zu kreieren.

Ich fühlte mich nicht mehr getrieben. Jedoch stellte sich auch die Frage: Tragen mich meine Glaubenssätze noch?

Laut Rohr ist man in der ersten Lebenshälfte damit beschäftigt, eine stabile Plattform für das Ego zu errichten. Dabei halten wir uns an Formeln und Regeln und Moral und die 10 besten Tipps zur Berufungsfindung. Wir folgen Trends und der Suche nach Bedeutung und untermauern korrekte Lebensführung mit entsprechenden Bibelversen. Wir können fast nur schwarz-weiß sehen. Dualistisch denken und argumentieren. Uns treibt die Angst, wir könnten etwas verpassen. Diese erste Lebenshälfte ist wichtig, weil wir in ihr eine Identität aufbauen.

In der zweiten Lebenshälfte suchen wir laut Rohr das, was uns Menschen eint, und nicht mehr das, was uns trennt. Man lässt alte Sicherheiten los und macht Frieden mit dem, was im eigenen Leben und in der Bibel widersprüchlich ist. Man hat nicht mehr den Drang, beweisen zu müssen, dass die eigene Gruppe oder Ethnie oder Religion oder Denomination die beste ist. Anstatt Besitz anzuhäufen, gibt man nun Dinge weg, wird großzügig.

Man muss nicht mehr überall mitmischen, sondern gibt sich mit dem zufrieden, wer man ist und was man hat.

Und: Es gibt kein dualistisches Denken mehr, sondern eines, das mit dem Paradoxen, mit Ambiguität und Mystik gut leben kann.

Den Übergang kann man nicht „machen". Dafür gibt es kein Programm. Es passiert organisch. Und häufig dann, wenn man tief fällt und die bisherigen Bewältigungsstrategien und frommen Antworten nicht mehr greifen. Man kann sich nur darauf einlassen, wie auf einen Tanz, den man vorher nie geübt hat. Oder man bleibt am Rand stehen und verweigert sich der Einladung zu diesem heiligen Tanz, der uns hinüberführt in eine viel weitere Art und Weise, das Leben zu leben.

Eine Zeit lang blickte ich verächtlich zurück auf meine erste Lebenshälfte wie auf eine dumme Person, die es einfach noch nicht geschnallt hatte. Aber nun versöhne ich mich mit ihr. Sie musste so leben. Sie konnte ja gar nicht anders, weil das zur ersten Lebenshälfte unbedingt dazugehört. Die Veronika mit ihren harten Überzeugungen, aus denen alle herausfielen, die nicht so glaubten und dachten und fühlten wie sie.

Ich liebe es hier in der zweiten Lebenshälfte. Auch wenn ich noch in der Eingewöhnungsphase bin. Die beginnt jeden Morgen von Neuem mit dem Blick in den Spiegel. Dort sehe ich ein Gesicht, das nicht mehr viel Ähnlichkeit mit meiner jüngeren Version besitzt. Dunkle Ringe unter den Augen, der Hals gibt langsam, aber sicher der Schwerkraft nach, die Falten um den Mund graben sich in die Haut. Ich kleide mich in Kleidung, die mir nicht die Luft abschnürt. Ich trage nur noch Materialien, die sich gut anfühlen. Die neue Landschaft in mir verlangt nach ihrer eigenen Mode. Ich treffe mich nur noch mit Freunden, mit denen ich keinen stundenlangen Smalltalk halten muss. Ich verabschiede mich auf Partys, wenn ich gehen möchte. Und das kann bereits um 9 Uhr abends sein und es ist mir egal, ob das andere unhöflich finden. Ich finde alle Bemühungen um Selbstoptimierung befremdlich und fühle mich an vielen Tagen wohl in meiner alternden Haut. Einkaufen ist anstrengend und Besitzweggeben eine Lust. Vielleicht wohne ich irgendwann in einem Tiny House mit meinen Lieblingsbüchern, einem Teekessel und einer Wolldecke. Ich versuche in Diskussionen häufiger zuzuhören, anstatt die Oberhand zu behalten. Besonders gut gelingt es mir noch nicht, aber ich werte es als enormen Fortschritt, es zumindest zu üben.

Ich zucke bei dem Begriff Nicht-Christ zusammen. Und finde die Frage müßig, wer denn nun alles in den Himmel kommt. Und ich habe wirklich keine Lust mehr, Drama zu kreieren!

Ich muss daran denken, was einmal der US-amerikanische christliche Aktivist Shane Claiborne in einem Interview zu mir sagte: „Wir sind so beschäftigt damit, die Leiter aus Status, Sicherheit und Selbstverwirklichung hinaufzuklettern, dass wir aufpassen müssen, Jesus nicht zu verpassen auf seinem Weg nach unten.“

Das Hinaufklettern ist kennzeichnend für unsere erste Lebenshälfte und in der zweiten gehen wir mit Jesus nach unten. In eine andere, neue Landschaft. Sie ist weniger gefällig als die erste. Vielleicht ein wenig wie die schottischen Highlands im November. Oder ein verlassener Badestrand auf Koh Tao in der Regenzeit. Ihr hängt etwas Melancholisches an oder, wie Richard Rohr es nennt: eine luminöse Dunkelheit. In ihr muss ich mich nicht mehr beweisen. Ich darf mich hineinschmiegen in eine unerklärbare göttliche Liebe, die nicht nur mich birgt, sondern die ganze Menschheit und die Schöpfung.

An manchen Tagen schmeckt diese zweite Lebenshälfte süß und vielversprechend, an anderen sehne ich mich zurück nach der Einfachheit von 5-Stufen-Programmen und dem Glauben daran, dass ein grüner Smoothie alle persönlichen Probleme lösen kann.

Ich bin noch mittendrin, aber der Weg führt unweigerlich nach unten. Zusammen mit Jesus. In die neue Landschaft.

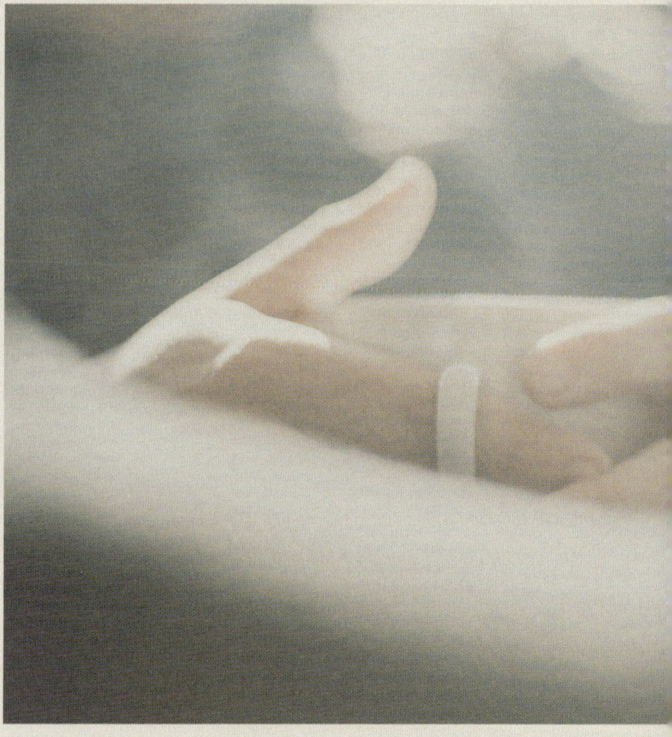

Man wird zu
einem schlechteren Menschen,
wenn man durch
sein Leben hetzt,
das lässt sich gar
nicht vermeiden.

– TOMAS SJÖDIN

WO IST
Gott?

Wo ist Gott?

Manche finden ihn in einer Schublade.

Vier Seiten hat dieser Schubladen-Gott.

Regeln.
Dogmen.
Sicherheit.
Ordnung.

Ein geregelter,
dogmatischer,
sicherer,
ordentlicher Gott.

Wächter bewachen die Schublade.

Ich finde Gott
an meinen dunkelsten Orten.
Zwischen meinen Bettlaken
und den Seiten eines Gedichtbands.
Auf Berggipfeln.
Und in Tälern.
In den Gesichtern der Zerrütteten
und ihrer Sehnsucht.
Im Lachen meiner Geliebten
und in ihren Dornen.
Im Geruch frischen Brotes
und dem Wein
und in meiner Endlichkeit.

DOMPFAFFEN UND *Blaumeisen*

Heute Morgen saß ein Dompfaff in unserem Futterhäuschen. Im Gegensatz zu gewöhnlichen Spatzen und Meisen fällt er auf. Er thronte dort, als wolle er absichtlich auffallen mit seinem leuchtend hellroten Gewand und dem schwarzen Köpfchen.

Der Dompfaff rührte sich nicht von der Stelle und nahm sich die Zeit, die er brauchte, um die Schale zu knacken und alle Bestandteile des öligen Sonnenblumenkerns mit seinem Schnabel herauszupulen. Dieser Vogel bekam den Namen Dompfaff, weil er mit seinem roten Gewand und der schwarzen Kappe an Domherren erinnert. Ein anderer Name betitelt ihn mit Gimpel, was aber recht scheußlich klingt und gar nicht zu diesem Tier passt.

Ich beobachtete ihn eine Weile und ging dann in die Küche, um mir einen Tee zu kochen. Bei meiner Rückkehr ans Fenster stellte ich fest, dass der Dompfaff immer noch dort saß, schnäbelnd mit einem weiteren Kern. In Reichweite warteten scheue Blaumeisen auf ihre Chance. Aufgereiht wie Flugzeuge an der Startbahn mit laufenden Motoren. Das rührte den Dompfaff nicht. Er nahm sich die Zeit, die er brauchte, um satt zu werden. Die Blaumeisen waren zu schüchtern, um diesen großen Vogel zu stören.

Nun muss ich schon den halben Tag über ihn nachdenken. Ob er immer noch dort sitzt? Ich schaue mal schnell nach. Nein. Er ist weg. Jetzt sind die Meisen da, die eine kleine Party im Futterhäuschen feiern. Die Haubenmeise braucht noch nicht mal ein Partyhütchen aufzusetzen.

Warum verfolgt mich das Bild des Dompfaffs, der die Ungeduld und den Hunger der Meisen ignoriert und in Ruhe sein Futter verzehrt? Es löst etwas aus: den Wunsch danach, mich in meinem Leben breitzumachen, ohne falsche Rücksicht nehmen zu müssen.

Ich wurde dazu erzogen, die Gefühle anderer Menschen zu schonen. Manchmal wurde das ausgesprochen. Oft war es aber nur eine stumme Erwartung zwischen den Zeilen. Ich spürte darin, wie wichtig es war, keinen Kummer zu machen. Denn die Erwachsenen hatten Kriegsschatten. Und ich übernahm Mitverantwortung für ihre Gefühle. Später auch die Mitverantwortung für die Gefühle vieler, vieler anderer Menschen und manchmal für die ganze Welt. Meine Stimmungen waren wie ein Chamäleon, das sich immer den Gefühlen anderer anpasste.

Und dann beschloss ich, diese Mitverantwortung zu verlernen. Abzulegen. So ein bisschen werden wie der Dompfaff, der seinen Platz einnimmt. Ich gebe zu, das fällt mir heute noch schwer. Denn ich scanne meine Umgebung ab. Brauche ich an der Kasse zu lange, spüre ich körperlich die Ungeduld des Kunden hinter mir. Spreche ich eine unangenehme Wahrheit aus, erfassen mich Schuldgefühle, weil ich den anderen nicht beschämen möchte. Nach einer Party gehe ich im Geiste jede Konversation durch: Habe ich zu viel geredet? Bin ich den anderen auf die Nerven gegangen? Wenn ich jemandem aus Versehen die Vorfahrt nehme, quält mich der Vorfall drei Tage später noch.

Wann immer ich zu sehr „bei den anderen und ihren Gefühlen bin“, verliere ich den Kontakt zu mir selbst. Ich spüre meinen eigenen Hunger nicht, wenn ich immer nur damit beschäftigt bin, andere zu füttern und zu besänftigen.

„Flieg doch endlich und friss, du hast doch Hunger. Es ist Platz genug!“, wollte ich heute Morgen der Blaumeise zurufen. Aber natürlich verstand sie mich nicht. Sie konnte nicht heraus aus ihrer schüchternen Freundlichkeit.

Apropos freundlich. Vorgestern las ich einen Artikel, der der Freundlichkeit an den Kragen ging. Sie wurde in ein lächerliches Licht gestellt und ihre Existenzberechtigung infrage gestellt. Die Quintessenz: Wer freundlich ist, wird ausgenutzt.

Mein Vater ist mit Abstand der freundlichste Mensch, der je einen Fuß auf diese Erde gesetzt hat. Er füllt jeden Morgen das Vogelfutter im Garten auf und steht mit der Kaffeekanne parat, wenn die Tasse halb leer getrunken ist. Er möchte unter keinen Umständen Umstände bereiten. So wie die Blaumeise. Und so wie die Blaumeise wurde er aufgrund seiner zurückhaltenden Freundlichkeit manches Mal übervorteilt.

Bedeutet das jedoch im Umkehrschluss, dass wir uns unsere Freundlichkeit abgewöhnen sollten, um nicht ausgenutzt zu werden? Meiner Meinung nach ist eine Zivilisation ohne Rücksichtnahme und Freundlichkeit ein kalter, funktionierender Apparat, in dem sich nur Zyniker wirklich wohlfühlen. Wir verwechseln Freundlichkeit mit Schwäche.

Ich googel den Dompfaff und erfahre, dass er früher als schmückendes Hintergrundmotiv auf Darstellungen des Gartens Eden verwendet wurde. Er ist ein Symbol für Standhaftigkeit.

Es ist Platz genug im Paradies. Für Dompfaffen und Blaumeisen. Und es ist Platz genug in unserem Leben, um dem eigenen Hunger und dem der anderen nachzuspüren. Für Standhaftigkeit und Rücksichtnahme. Stehen bleiben und einen Schritt zur Seite treten für den anderen. Ich glaube, das eine schließt das andere nicht aus.

Oder wie es der Dichter Khalil Gibran einmal sagte: „Zärtlichkeit und Freundlichkeit sind keine Zeichen von Schwäche und Verzweiflung, sondern Ausdruck von Stärke und Entschlossenheit."

Nun ist es Abend geworden. Meisen und Dompfaff haben ihren Schlafplatz aufgesucht. Es ist genug Raum in meinem Garten. So viele Bäume, auf denen sie sich niederlassen können. Und morgen werde ich eine Extraportion Sonnenblumenkerne auf den Boden streuen. Weil ich nicht anders kann, als auch auf die Blaumeisen Rücksicht zu nehmen.

Die meisten
großen Taten,
die meisten
großen Gedanken
haben einen

belächelnswerten
Anfang.

ALBERT CAMUS

DER Meißel

Sie ist so selbstlos!

Alle bewundern
ihre Demut.
Ihren Liebreiz.
Ihr Lächeln.

Sie gibt.
Und gibt.
Und gibt.

Geben ist seliger als Nehmen.
Man muss sein Leben verlieren.
Sie schweige.

Ihr Rollenverständnis
unhinterfragt.
Übernommen.

Schichten aus stillem Groll
lagern sich auf dem Herzen
wie Sedimentschichten ab.
Geologische Beweise
für ein krankes System.

Sie gibt sich die Schuld.

Wer reicht ihr den Meißel?
Und die Erlaubnis, ihn zu benutzen?

Schönheit

IN DER U-BAHN

Heute ist Sonntag, die Sonne fällt schräg durch das Fenster auf die Couch-Ecke, in der ich gerade sitze. Ich denke schon eine ganze Weile über Schönheit nach und über die Geschichte, die unsere Pfarrerin heute Morgen im Gottesdienst erzählte. Vielleicht kennst du sie. (Also die Geschichte, nicht die Pfarrerin.)

Der weltberühmte Violinist Joshua Bell spielte im Rahmen eines Experiments der Washington Post für 45 Minuten im U-Bahn-Eingang mitten in Washington auf seiner millionenschweren Stradivari. 1070 Menschen hasteten vorüber. 7 blieben stehen. Insgesamt hat er 32,17 US-Dollar von 27 Menschen verdient.

Seitdem denke ich darüber nach, ob ich selbst stehen geblieben wäre. „Natürlich!", ruft mein innerer Moralist empört. Aber der restliche fehlerhafte Mensch, der ich auch bin, wäre sicherlich ebenso vorübergehastet. Die Washington Post ging der Frage nach, ob Schönheit wahrgenommen wird, wenn sie sich zu einem ungewöhnlichen Zeitpunkt an einem ungewöhnlichen Ort präsentiert. Und ob sie die Kraft hat, Menschen aus ihrer Situation für einen Moment herauszureißen.

Anscheinend fällt es dem Menschen schwer, das Schöne im Alltäglichen wahrzunehmen. Mir auch. Ich muss mein Tagwerk und meine Hast manchmal mutwillig durchbrechen, mich in die Sonne setzen, mein Handy auf einen hohen Schrank verbannen und „die Blumen am Wegesrand riechen".

Man stumpft schnell ab in diesem Leben und das scheint eine Entwicklung zu sein, die sich gar nicht vermeiden lässt. Als meine Mädchen noch jünger waren, jagten sie nach draußen, wenn sich ein Regenbogen am Himmel abzeichnete. Und eine Schnecke konnte sie so sehr in den Bann ziehen, dass wir nicht mehr vom Spazierengehen sprechen konnten, sondern vom Spazierenstehen.

Heute blicken meine Töchter nur kurz von ihren Bildschirmen auf, wenn ich „Regenbogen!" rufe. Und sie lächeln müde über ihre Mutter, die sich hartnäckig an den kleinen Schönheiten entlang des Wegrands ergötzen will.

Ich glaube, es ist nicht nur eine zutiefst geistliche Übung, Schönheit als die Handschrift Gottes wahrzunehmen, sondern auch ein Aufstand gegen die Burn-out-Kultur. Eine Kultur, die Arbeit und Effizienz und Leistung zum Gott erhoben hat. Die keine Pausen zulässt. Die einem noch nicht mal die Zeit gönnen möchte, um am Wegesrand anzuhalten. Oder einem Violinisten in der U-Bahn zuzuhören.

Diese Burn-out-Kultur kennen wir nicht nur aus der Wirtschaft oder aus Pflege- und Lehrberufen. Wir finden sie auch im frommen Kontext, in der Gemeindearbeit und auch im persönlichen Glaubensleben, wo es nie zu reichen scheint. Wir könnten immer noch etwas erlöster und geheiligter und vorbildlicher und bibelfester und missionarischer sein.

Das ist eine Kultur, die uns auf Dauer krank macht. Was ich in den letzten Jahren immer stärker erfahre: Je öfter ich anhalte, um der Schönheit in meinem eigenen Leben zu lauschen, desto mehr Heilung erfahre ich von der Burn-out-Kultur. Das mache ich besonders in Zeiten, in denen mein Leben alles andere als schön ist. Wenn die Wellen über mir zusammenschlagen und ich nach Luft ringe. Also zu ungewöhnlichen Zeiten, an ungewöhnlichen Orten.

Dann verabrede ich mich mit einer Freundin zum Laufen. Und wir gehen durch die Wälder und die Sonne bricht durch die Wolken und ich sehe dem Eis beim Schmelzen zu und spüre die Zuneigung meiner Freundin.

Dann mache ich mitten in der Hausarbeit meine Lieblingsmusik an und höre Stücken zu, die mich schon als Kind bewegten. Zum Beispiel dem Sommer von Vivaldis Vier Jahreszeiten.

Dann suche ich in den Nachrichten nach Bildern der Hoffnung. Die Hilfstruppen aus aller Welt, die sich durch den Schutt der Erdbebengebiete wühlen. Und immer wieder auf Überlebende treffen. Solidarität ist Schönheit.

Dann jubele ich leise über den ersten Winterling und die Schneeglöckchen, die nun langsam im Vorgarten aufblühen.

Dann unterstreiche ich Worte und Textpassagen in Büchern, die etwas in mir anrühren.

Dann schaue ich meine Töchter an, sehe durch ihre ganzen Schichten aus Teenagerstacheligkeiten hindurch, mitten hinein in ihr Herz.

Dann halte ich jetzt im Schreiben kurz inne, weil das Licht durch die schmutzigen Fensterscheiben bricht und den Fußboden vergoldet.

Dann streiche ich mit der Hand über die Muscheln, die ich letzte Woche am Strand von Langeoog gesammelt habe, und erinnere mich an das Zusammensein mit ungewöhnlichen Frauen.

Wir müssen selbst keine Schönheit schaffen, denn sie umgibt uns bereits. Ihr in uns Raum zu machen, ist Gottesdienst, der keine Worte braucht. Und wenn dann etwas in uns wächst – ein leises Schluchzen oder blubbernde Freude oder existenzielle Sehnsucht, dann ist das der Heilige Geist, der von Anfang an anwesend und Zeuge war, als Schönheit auf dieser Erde entstand.

Schönheit besitzt die Kraft, mich aus Situationen herauszureißen. Für einen Moment. Sie schenkt Hoffnung. Und ein Trotzdem: Trotzdem sind die Welt und der Mensch und die Schöpfung und Gott gut.

Diese Woche will ich mich immer wieder herausreißen lassen und meinem Leben lauschen. Es ist zwar meist ein jazziges, dissonantes Wirrwarr, aber wenn ich still werde, höre ich noch ganz andere Melodien, die etwas vom Himmel versprechen.

Wer
Zeit zur Stille
findet,

stärkt seine Fähigkeit,
seine Ruhe nicht zu verlieren.

– ERNST FERSTL

Freude ist,

sich vom Leben

überraschen

zu lassen.

– VERONIKA SMOOR

DIE Ewigkeit beginnt AN EINEM Donnerstag

Ich treffe mich jeden Donnerstagvormittag mit drei Frauen. Mal bei der einen, mal bei den anderen am Esszimmertisch. Als ich vor ein paar Jahren unseren Hauskreis auflöste, weil er an extremer Altersschwäche und ich an chronischer Unlust litt, entstand die Idee zu diesem Treffen. Eine Stunde, eine Tasse Kaffee, Reden. Über uns, unsere Familien und über theologische Fragestellungen. Und dann am Ende: ein kurzes, gemeinsames Gebet.

Das passt zu meiner Lebensphase. Ich brauche keine Programme. Keine vorgegebenen Abläufe. Was ich brauche, sind Gemeinschaft, Verbundenheit, ein Ort, an dem ich sein darf. Wo ich nicht mit frommer Sprache und gut gemeinten Appellen ermüdet werde. Wir vier haben unterschiedliche Hintergründe: neuapostolisch, evangelisch und evangelikal. Aber das spielt keine Rolle.

Gestern Vormittag saßen wir am Tisch in der Bahnhofstraße. Jede mit einem Becher Kaffee in der Hand. Ich musste meine überlastete Seele lüften, sie war kurz vor dem Platzen. Der Morgen war schwierig gewesen. Ach was, die ganze Woche! Mich befielen Fluchttendenzen angesichts der Herausforderungen in meiner Familie. Und ein Streit zwischen den Kindern hatte an diesem Morgen das Fass in mir fast zum Überlaufen gebracht. Ich brauchte keine Lösungen, sondern nur das Gefühl, mit meinem Erleben nicht allein zu sein. Drei nickende, mitfühlende Frauen nippten an ihrem Kaffee, seufzten auf und sagten: Kennen wir!

Dann steuerten wir von Familienthemen zu theologischen Fragen. „Glaubt ihr, dass Jesus wirklich wiederkommt?“ Wir näherten uns dieser Frage aus unterschiedlichen Richtungen, drehten und wendeten sie. Eine sagte: „Ich weiß es nicht, aber ich glaube, dass alle Menschen Erlösung finden werden.“ Ich nickte zustimmend und mir kam der Vers in den Sinn: „Die Menschen sterben, weil alle mit Adam verwandt sind. Ebenso werden durch Christus alle lebendig gemacht und neues Leben empfangen“ (1. Korinther 15,22).

Alle werden wieder lebendig gemacht. Alle werden neues Leben empfangen. Alle.

Ich persönlich glaube an die Wiederkunft Jesu. Und nicht nur das. Ich glaube auch, dass er diese Erde, seine Schöpfung, erneuern wird. Nicht irgendwo weit weg in mysteriösen Sphären. Sondern hier. In unseren Straßen, auf unseren Plätzen, in unseren Wäldern und Dörfern und Städten. Diese Gedanken sprengen die Enge meines Donnerstags-Alltags auf.

Wenn dem so ist, dann beginnt das wahre Leben nicht erst im Jenseits und das Leben hier in unseren sterblichen Körpern ist nicht nur ein unangenehmes Vorgeplänkel, das es zu überwinden und auszuhalten gilt. Diese Art des Denkens steht unter dem Einfluss der griechischen Philosophen, welchen die Kirchenväter übernommen haben und der uns bis heute prägt. Die Leib- und Genussfeindlichkeit gehören dazu. Ebenso wie apokalyptisches Denken, das unsere Welt abwertet und sagt: Wir können ja eh nichts tun, also warten wir auf den Herrn und lassen die Erde zur Hölle fahren.

Mit diesen Gedanken im Kopf laufe ich an diesem Donnerstagvormittag wieder nach Hause. Durch die Straßen unseres Ortes, vorbei an Häusern, in denen gelebt, gelacht, geweint, gestritten, geschwiegen, geschrien, geflucht, geliebt und gestorben wird. Vorbei an Gärten, manche schottertot, in anderen spitzen schon die ersten Krokusse und Schneeglöckchen aus der Erde. Spatzen versammeln sich in den Bäumen.

Wir empfangen neues Leben. Wir Menschen. Die Natur. Nicht nur einmal, irgendwo im Jenseits. Heute an diesem Donnerstagmorgen schieben sich Zeichen für neues Leben aus dem Dreck. Heute habe ich meine Gefühle geteilt und kann wieder aufrechter gehen, weil mir jemand zugehört hat.

Heute werde ich tun, was ich kann, damit mein Leben, mein Zuhause, meine Nachbarschaft, diese Welt ein lebenswerter Ort bleibt. Ich nehme teil an der Erneuerung der Welt. Und vielleicht ist es das, was Jesus mit Reich Gottes meint. Nicht nur die Errettung der Seelen für das Jenseits, sondern Wiederherstellung von Mensch und Erde schon hier.

Ich weiß, das klingt utopisch. Denn in Wirklichkeit hinken wir unseren Idealen hinterher und an den meisten

Tagen bin ich froh, wenn ich es schaffe, dass meine Kinder saubere Socken im Schrank haben. Es ist ein Paradox, das wir leben. Die Gleichzeitigkeit der Erden- und Menschenzerstörung und unsere Bemühungen, Licht zu sein. An manchen Tagen ist es, als wolle man im Sturm ein kleines Licht anzünden.

Aber dann schau dich um in deinem Leben, in deiner Umgebung. Überall brennen bereits Lichter. Überall atmet die Schöpfung jede Sekunde neues Leben ein und aus. Gott wird nicht müde, uns zu signalisieren: Diese Erde und der Mensch sind gut. Denn das ist das Wort, das er über beidem ganz zu Beginn ausgesprochen hat. Gut.

Wir sind Mitarbeiter in Gottes Erneuerungsprogramm. Wenn wir nicht völlig verbogen aus diesem Leben hervorgegangen sind, so scheint uns dieses Programm in unsere DNA hineingeschrieben zu sein. Wir suchen nach Versöhnung und Heilung, wir geben unseren Kindern und uns selbst Gnade, wir pflanzen etwas auf unserer Fensterbank und in unseren Gärten, wir versuchen, behutsamer auf dieser Erde zu gehen, wir schaffen aus toten Materialien Kunst und singen Lieder von Hoffnung und Auferstehung. Freiwillige üben mit Flüchtlingskindern deutsche Wörter und suchen mit Spürhunden nach Überlebenden in Trümmern. Wissenschaftler forschen an Heilmittel für Krebs und entwickeln hochintelligente Rollstühle. Familien nehmen ungewollte Kinder auf und Therapeuten helfen mit, dass Menschen aufblühen können.

Manchmal habe ich Angst, dass das Böse schneller ist. Dass es die Auferstehungskraft von uns Menschen niederwirft, überrollt, über uns hinwegfegt und alle Bemühungen zunichtemacht. Dass es uns unsere Hoffnung, unsere kindliche Freude, unsere Schaffenslust tötet.

Aber ich merke, es wird mit dem Älterwerden einfacher, zu erkennen, dass sich Schmerz und Hoffnung, Realitäten und trotzige Freude, Sterben und Auferstehungskraft nicht gegenseitig ausschließen. Dass es nie ein Entweder-oder ist. Sondern ein Und-auch.

Dieses Und-auch spüre ich an diesem heutigen Donnerstag ganz gewaltig. Familienstreit am Morgen. UND das Verstandenwerden von meinen Freundinnen. Und AUCH die Grünkraft, die wie eine stille Welle von Garten zu Garten schwappt und ihr Lied von der Auferstehung singt. Es ist ein kosmisches Nebeneinander, ein Leben, das nie linear verläuft, sondern in Kreisen, Umwegen, Sackgassen und Plateaus mit schöner Aussicht.

Ich glaube, wenn wir dieses Und-auch verinnerlichen, so sind wir viel freier, schon hier und heute Spuren der neuen Welt zu erkennen. Wie sie sich herausschält mit all den großen und vor allem kleinen, kaum sichtbaren Dingen. Und wir sind mit dabei. Mittendrin in diesem kosmischen Ein- und Ausatmen.

Spontanes Kaffeetrinken
mit Nachbarn auf der
unaufgeräumten Terrasse
und lange Tafeln, die sich
unter Festessen biegen.
Wenn Menschen zusammenkommen,
losgelöst von ihren Aufgaben,

ist Raum
für Lachen und
gute Gespräche
und tiefe
Verbindung.

VERONIKA SMOOR